GESCHICHTEN VON GROSSEN UND KLEINEN TIEREN

Bibliografische Information der Deutschen Nationalbibliothek
Die Deutsche Nationalbibliothek verzeichnet diese Publikation der Deutschen
Nationalbibliografie;
detaillierte bibliografische Daten sind im Internet
unter http://dnb.d-nb.de abrufbar.
Neue Rechtschreibung
© 2015 by Obelisk Verlag, Innsbruck – Wien
Cover: Franz Hoffmann
Alle Rechte vorbehalten
Druck und Bindung: Reálszistima Dabas Druckerei gAG
ISBN 978-3-85197-790-5
www.obelisk-verlag.at

GESCHICHTEN

VON GROSSEN UND KLEINEN TIEREN

Herausgegeben von Erich Weidinger

mit Farbbildern
von Franz Hoffmann

Obelisk Verlag

Inhalt

Georg Bydlinski

Tiere

Die Ente im Teich,
ist sie arm oder reich?
Im Tümpel die Kröte,
was hat sie für Nöte?
Oder hat sie keine?
Was fühlt ein Hund an der Leine?
Was sieht das Eichhörnchen im Traum?
Was denkt die Amsel auf dem Baum?
Wie ist das mit den Grillen –
sind sie fröhlich, wenn sie schrillen?
Kann mir wer die Antwort sagen?
So viele Tiere, so viele Fragen.

Susa Hämmerle

Der Um-die-Ecken-Gucker-Elefant

Es war einmal ein Elefant, der hatte zwei Besonderheiten.

Erstens war er mit grünen Ohren auf die Welt gekommen – und das ist schon recht erstaunlich.

Zweitens guckte er immer um die Ecken.
Er tat das nicht aus Übermut oder weil er die Leute erschrecken wollte. Nein, der Elefant war sehr schüchtern wegen seiner grünen Ohren. Deshalb hatte er sich angewöhnt, zuerst um die Ecke zu gucken, ob auch keiner da war, der ihn auslachen könnte.

Wenn der Elefant am Gemüseladen vorbeigehen wollte, guckte er zuerst um die Ecke. Meistens standen vor dem Laden einige Leute, die hinter vorgehaltener Hand über Leute redeten, die nicht vor dem Laden standen.

„Schaut mal!", rief einer. „Da will uns wer belauschen. Und was für große Ohren er bekommen hat, vor lauter Neugier!"

Die anderen kicherten und riefen: „Hej, du grünes Schnüffelohr, komm doch mal hervor!"

Der Elefant zog seinen Kopf schnell wieder ein und versteckte sich im Hauseingang.

Erst nach geraumer Zeit traute er sich wieder hinaus. Er tappte in die andere Richtung. Nach wenigen Metern mündete die Straße auf einen Platz. Vorsichtig guckte der Elefant um die Ecke.

Er sah einen Schulbus, in den eine Gruppe Kinder einstieg.

Glück gehabt! dachte er. Sie drehen mir den Rücken zu!

Er setzte einen Fuß vor, um sich vorbeizu-drücken. In diesem Augenblick wandte sich ein Mädchen um.

„Schaut mal!", rief sie. „Da schwebt ein Luftballon mit grünen Ohren um die Ecke!"

Die anderen Kinder blickten zurück und prusteten los. „Den holen wir uns", schrien sie. „Der ist so aufgeblasen, dass wir damit zur Schule fliegen können!"

Der Busfahrer gab das Zeichen zum Losfahren und so entging der Elefant der anstürmenden Kinderhorde. Er war so fix und fertig, dass er sich den ganzen Tag in einem Hinterhof verkroch.

Erst am Abend wagte er sich wieder auf die Straße und guckte vorsichtig um eine Ecke.

Er sah ein Kino, über dessen Eingang eine Leuchtanzeige blinkte:

18 UHR:
DIE INVASION DER MARSMENSCHEN

Die Vorführung war gerade zu Ende. Eine Menschentraube drängte aus dem Kino.

„Hej, schaut einmal!", rief ein junger Mann. „Da

hängt ein Marsmensch seine grünen Schlabberohren um die Ecke!"

Seine Freunde brachen in schallendes Ge‑lächter aus.

Da zog der Elefant seinen Kopf schnell wieder ein und versteckte sich die ganze Nacht in einem Keller.

Erst am frühen Morgen traute er sich wieder auf die Straße. Sie war menschenleer. Beim nächsten Häuserblock guckte der Elefant zaghaft um die Ecke.

Zwei Straßenkehrer standen unter einem Laternenmast. Sie hatten die Besen an den Schubkarren gelehnt und erzählten sich Witze.

„Kennst du den?", begann der eine.

Das geht sicher schief, dachte der Elefant und wollte den Kopf wieder zurückziehen.

Doch es war zu spät.

„Ich kenne einen viel besseren", grölte der zweite Straßenkehrer. „Da guckt was um die Ecke, das hat Buhu-Uhu-Augen und Ohren wie Spinatblätter!" Die zwei Straßenkehrer hielten sich die Bäuche und konnten nicht und nicht mehr aufhören zu lachen.

Da rannte der Elefant davon. Er war so traurig, dass er fast vergessen hätte, an der nächsten Ecke haltzumachen. Doch dann hörte er plötzlich jemanden weinen.

„Jemand weint", flüsterte er und blieb betroffen stehen.

Dem Elefanten war bisher nur Gelächter begegnet. Geweint hatte nur er selbst manchmal – dann, wenn er sich in Hauseingängen, Hinterhöfen oder Kellern verkrochen hatte. Dass jemand anderer weinte, machte ihn völlig ratlos.

Eines allerdings wusste er: Es musste etwas geschehen, denn dieses Weinen klang zum Weinen!

Der Elefant dachte eine Weile nach. „Ich hab's!", rief er, reckte den Kopf, blähte die grünen Ohren auf und guckte derart forsch um die Ecke, wie er es noch nie zuvor getan hatte.

„Und jetzt lach!", schrie er. „Lach, wie es all die andern tun!"

Um die Ecke saß ein Clown. Er hatte das Gesicht in den Händen vergraben und schluchzte unvermindert weiter.

Da setzte der Elefant einen Fuß um die Ecke. Er schob den zweiten Fuß hinterher. Dann gab er sich einen endgültigen Ruck und trat als Ganzes vor den Clown.

„Warum weinst du?", fragte er.

Der Clown behielt das Gesicht in den Händen, doch er schniefte zwischen den Fingern hervor: „Ich weine, weil keiner mehr über mich lacht."

„Na, so was!", sagte der Elefant verdutzt. „Wenn ich weine, weine ich immer, weil alle über mich lachen."

Der Clown riss die Hände vom Gesicht. Er starrte den Elefanten an, und plötzlich brach ein glucksendes Lachen aus ihm heraus.

„Sei mir nicht böse, wenn ich lache", kicherte er. „Es ist bestimmt nicht wegen deiner grünen Ohren!"

„Ich weiß", schmunzelte der Elefant. Und dann musste auch er so richtig guckofantenmäßig lachen, bis ihm der Bauch weh tat und seine Knie wie Wackelpudding bebten.

Der Clown fasste sich als erster wieder. Er sprang auf und klatschte in die Hände.

„Ich habe eine tolle Idee für eine Zirkusnummer!", rief er. „Wollen wir uns zusammentun?"

Der Elefant bekam vor Freude einen roten Schimmer in die grünen Ohren.

„Gerne", sagt er. „Fangen wir an."

Und schon am nächsten Tag hingen vor dem Gemüseladen, an den Schulbushaltestellen, vor den Kinos, im Straßenkehrer-Magistrat und an allen erdenklichen Ecken der Stadt Plakate:

Absolute Attraktion!

DER WEINENDE CLOWN UND DER
UM-DIE-ECKEN-GUCKER-ELEFANT!

Die Leute strömten in Scharen ins Zirkuszelt. Der Clown tat nichts anderes, als in seine Hände zu schluchzen. Der Elefant tat nichts anderes, als schüchtern um die vielen Ecken der Kulisse zu gucken.

Und die Leute bezahlten wie wild das Eintrittsgeld und lachten Tränen.

Christine Rettl

Flederike und die Super-Fledermaus

Jeden Abend schwärmte Flederike mit ihrer Schar hinaus ins Freie.

Im Tiefflug zog sie über Teiche mit quakenden Fröschen und schnappte ihnen zum Spaß die Mücken vor den Mäulern weg.

Sie segelte unter dem Sternenhimmel, kreiste um die Lichter und Lampen und fing Insekten, die ganze Nacht lang.

Sobald es dämmrig wurde, flog sie mit ihrer Schar zurück in die Höhle.

Jeden Morgen, wenn die jungen Fledermäuse kopfunter an ihrem Schlafplatz hingen, erzählte ihnen die Geschichten-Fledermaus vor dem Einschlafen eine Geschichte.

Und wenn sie fragte: „Was soll ich euch denn heute erzählen?", verlangten die Kleinen: „Die Geschichte von Kurt, der Super-Fledermaus!"

Auch Flederike wollte diese Geschichte immer wieder hören.

Sie stellte sich Kurt vor, wie er verwegen da-

her gedüst kam, um die Fledermäuse zu retten,
die in Not geraten waren. Und sie wünschte sich
sehnlichst, den mutigen Kurt kennen zu lernen.

In einer schwülen Sommernacht flatterte Flederike heimlich fort.

Unterwegs begegnete ihr eine Schar fremder Fledermäuse.

„Wisst ihr, wo ich Kurt, die Super-Fledermaus, finden kann?", fragte sie höflich.

„Keine Ahnung! Und wenn wir es wüssten, würden wir es dir auch nicht sagen", antworteten die fremden Fledermäuse schnippisch.

Flederike flog weiter und traf eine Weinbergschnecke.

„Hast du die Super-Fledermaus gesehen?", fragte sie die Weinbergschnecke, die gerade über einen Stein kroch.

Aber die hörte schlecht.

„Willst du mich beleidigen? Super-Bäderhaus! So ein Quatsch!", schimpfte sie.

Flederike flog höher und fragte einen Waldkauz.

„Ich kenne eine ganze Menge Fledermäuse", antwortete der, „aber super ist keine von ihnen. Wenn du willst, kann ich dich mit dem Super-Waldkauz bekannt machen!"
Aber Flederike hörte das nicht mehr. Sie flog

höher und höher und fragte den Mond.

Doch der Mond blieb stumm und lächelte geheimnisvoll.

Wer weiß, ob ich Kurt je finden werde, dachte Flederike und wurde sehr traurig.

Sie hängte sich an einen Tannenzweig, wickelte sich in ihre Flügel und wollte nichts mehr hören und sehen.

Irgendwann schlief sie ein.

Im Traum erschien ihr Kurt. Doch er sah kein bisschen wie ein verwegener Held aus. Er wirkte eher lächerlich in seinen wollenen Unterhosen. Trotzdem war sich Flederike sicher, dass er die Super-Fledermaus war.

„Flederike, dir allein vertraue ich mein Geheimnis an", sagte Kurt mit trauriger Stimme.
„Ich bin gar kein Held, sondern eine stinknormale Fledermaus und keine Spur mutiger als du."

Flederike war enttäuscht. „Und deine Heldentaten?", fragte sie. „Was ist mit deinen Kämpfen gegen die bösen Taggeister? Und mit deinem Sieg über das giftstachelige Wespen-Heer?"

„Die Taggeister habt ihr erfunden und mein Sieg über die Wespen war purer Zufall", gestand

Kurt. „Ich hatte mich einmal beim Nachhauseflug arg verspätet. Die Sonne ging auf. Die Wespen waren schon munter, und ich kam einem ihrer Nester zu nahe. Der Schwarm fuhr heraus und die Wespen wollten mich stechen.

In meiner Angst flog ich pfeilschnell zu einem Wasserfall. Lieber in der tosenden Gischt umkommen als von Wespenstacheln erstochen
werden, dachte ich und versteckte mich hinter dem Wasserfall. Als das Wespenheer sich wütend auf mich stürzen wollte, wurde es vom herabstürzenden Wasser mitgerissen – und ertrank!"

„Den Trick muss ich mir merken", sagte Flederike. „War das deine einzige Heldentat?".
„Nun, ja, einmal hab ich ein Fledermauskind zu seiner Mutter in die Höhle getragen, weil es zu schwach zum Fliegen war", sagte Kurt bescheiden.

„Du bist ja doch ein Held", meinte Flederike. „Aber wieso hat dich nie jemand gesehen?"

„Ich hab mich versteckt, weil ich mich schäme", sagte Kurt und zupfte verlegen an seinen wollenen Unterhosen.

„Das musst du nicht", sagte Flederike fröhlich. „Zieh dein Super-Fledermaustrikot an und komm mit mir zu meiner Schar!"

„Ja, das wär schön", sagte Kurt, „aber ich habe gar kein Super-Fledermaustrikot. Kann ich da trotzdem...?"

„Klar! Echte Helden brauche kein Trikot!", rief Flederike fröhlich – und wachte auf.

Neben ihr hing Kurt in seinen wollenen Unterhosen und sagte froh: „Dann lass uns losfliegen, bevor es Morgen wird!"

Michaela Holzinger

Muckel und der Floh im Ohr

Es lebte einmal in einem Zoo ein alter Esel. Er hieß Muckel und hatte wohl die größten Ohren weit und breit, denn ein jeder, der in den Zoo kam, blieb stehen und rief: „So riesige Ohren hab ich in meinem Leben noch nicht gesehen!" Und dann kraulten sie Muckel das Fell, während der alte Esel mit sich und der Welt zufrieden war.

Naja, meistens jedenfalls.

Denn obwohl Muckel so große Ohren hatte, hörte er seit einiger Zeit furchtbar schlecht. Die anderen Esel lachten ihn schon aus, weil er immer nur Blödsinn verstand.

Wenn sie sagten: „Guten Morgen, Muckel!", dann brummte er: „Ich hab keinen Buckel!"

Wenn sie riefen: „Zeit zum Mittagessen", hörte er: „Wir haben alles aufgegessen!" Selbst den Kindern, die ihn besuchen kamen, erging es nicht besser. „Komm Muckel, wir haben eine Karotte!", lockten sie ihn.

„Ich hab keine Marotte", schniefte der alte Esel beleidigt und rührte sich keinen Millimeter.

So wurde Muckel immer trauriger und niemand wusste warum.

Eines Tages trug es sich zu, dass Beatrix, der flotte Floh, des Weges kam. Sie suchte schon seit Längerem ein Plätzchen zum Bleiben. Eines, an dem sie nicht gezwickt, gejagt oder gar geschnappt wurde. Denn so ein Flohleben war wirklich kein Zuckerschlecken!

Rassmus, der Truthahn, wollte sie fressen. Schlabber-Liese, die Ziege, wollte sie aufspießen.

Sogar Peter, der Büffel, warf sie im hohen Bogen von seinem breiten Rücken.

Es wollte eben niemand einen Floh im Fell sitzen haben, und deswegen war Beatrix in diesem Moment ziemlich traurig.

Doch als sie an dem alten Esel vorüberkam, der Trübsal blasend unter dem Knabberbaum stand, fing sie mit einem Mal zu strahlen an und rief: „Flatteriger Floh! Was ist denn das für ein wunderbares Ohrentier?! Mit so fürstlichen Ohren! So groß und lang und innen kuschelweich!"

Beatrix wurde ganz warm ums Herz. „In solchen Ohren wollte ich immer schon wohnen."

Sie überlegte. „Ob ich?"

Vorsichtig hüpfte sie näher und blickte Muckel in die schwarzen Augen. „Mhm", meinte sie nach einer Weile. „Der sieht eigentlich ganz friedlich aus." Und mit einem Hops sprang sie auf Muckels Kopf.

Der alte Esel spürte zwar das leise Kitzeln, aber er war so mit Trübsalblasen beschäftigt, dass er nicht darauf achtete, obwohl Beatrix einen ziemlichen Wirbel veranstaltete.

„So geräumig!", hauchte sie und schlüpfte

in die Ohrenhöhle.

„So gemütlich", seufzte sie und ließ sich in die Härchen plumpsen.

„So eine Wonne!", rief sie übermütig und lachte laut auf.

Just in dem Moment hob Muckel den Kopf und spitzte die Ohren. „Ich bin keine Tonne!", schnaubte er und legte zornig die Ohren an. „Warum nörgelt ihr ständig an mir herum? Ich habe euch nichts getan!"

Beatrix erstarrte. Oh nein, dachte sie. Schon wieder war sie unvorsichtig gewesen. „Weil ich so eine Plappertasche sein muss", jammerte sie. „Was mach ich denn jetzt, herrje!"

Muckel stutzte. „Was? Du bist die gute Fee?"

Beatrix schluckte. „Nein, nein, ich will nur bei dir wohnen!"

„Echt? Du willst mich belohnen?" Muckel begann nun aufgeregt um den Knabberbaum herumzutänzeln. „Ich habe nämlich wirklich einen großen Wunsch. Aber bitte lach mich nicht aus, wenn ich dir davon erzähle ..."

Beatrix hüstelte nervös. „Ist gut."

„Genau, nur Mut", antwortete Muckel schnell

und raunte: „Weißt du, ich höre in letzter Zeit
schlecht, aber niemand will mir das glauben,
weil ich doch so große Ohren habe. Ich wünsche
mir also, dass ich wieder gut hören kann.
Meinst du, das lässt sich machen?"

Da bekam Beatrix Mitleid mit dem alten Esel. Auch wenn es jetzt ein Leichtes für sie gewesen wäre, das Ohrentier auszutricksen, wollte sie doch aufrichtig zu ihm sein. Nur wie? Dieser Muckel verstand ja nichts von dem, was sie sagte.

Vielleicht muss ich tiefer in die Ohrenhöhle krabbeln, dachte sie und probierte es gleich aus.

„KANNST DU MICHT JETZT HÖREN?", schrie sie so laut sie konnte.

Der alte Esel zuckte zusammen. „Hilfe, das ist zu viel des Guten", jammerte er und klappte die Ohren nach unten.

Beatrix kicherte. „Und jetzt?"

„Iaaah", rief Muckel. „Viel besser, gute Fee!"
„Ich bin keine gute Fee", murmelte Beatrix und erzählte, wer sie in Wirklichkeit war. Dass sie schon seit einer ganzen Weile nach einem warmen Plätzchen suchte, dass seine Ohren mit Abstand die schönsten waren, die sie je gesehen hatte, und dass er sie nur deshalb so gut hören konnte, weil sie grade tief in seiner Ohrenhöhle saß.

„Na sowas", murmelte Muckel und schlackerte

verdutzt mit den Ohren. „Dann hab ich einen Floh im Ohr?! Was sagt man dazu?" Er lachte wiehernd.

Beatrix hielt inne. „Du … du wirfst mich nicht raus?"

„Bloß nicht", schnaubte Muckel. „Ich bestehe darauf, dass du hier wohnen bleibst, solange du mir die Wörter ins Ohr flüsterst, die die Anderen zu mir sagen. Abgemacht?"

Beatrix gluckste vor Freude. „Jippie!", rief sie und sprang in die Luft, sodass Muckel laut lachen musste, weil die Hopser furchtbar kitzelten.

So kam es, dass sich Muckel und Beatrix gleichzeitig ihren allergrößten Wunsch erfüllten: Muckel konnte verstehen, was die Anderen sagten, und Beatrix hatte einen gemütlichen Platz zum Wohnen.

Seitdem sieht man den alten Esel oft unter dem Knabberbaum stehen und dabei gluckst und kichert er, als hätte er einen Floh im Ohr.

Renate Welsh

Ein Meter zwanzig Halsweh

Die Giraffe hatte Halsweh. Sie jammerte vor sich hin: „Mein Hals tut so weh."

„Ich hab auch Halsweh", schnaubte das Nilpferd.

Die Giraffe hüstelte. „Schau dich doch an. Du hast kaum einen Hals. Wie sollst du da Halsweh haben?"

„Aber ich spür's", schnaubte das Nilpferd. „Da, zwischen Kopf und Schulter. Das sind Halsweh."

Die Giraffe hüstelte noch einmal. „Wenn du Bauchweh hättest, darüber könnte man reden."

Sie drehte ihren langen Hals hin und her.

„Das ist ein Hals", erklärte sie. „Und das sind Halsweh."

Sie stolzierte davon.

Das Nilpferd blickte ihr nach.

Sein Hals war kurz, das stimmte. Aber weh tat er trotzdem.

Die Giraffe traf einen Elefanten.

„Mein Hals tut so weh", jammerte sie.

„Ich hab auch Halsweh", trompetete der Elefant.

Wieder hüstelte die Giraffe. „Wie sollst du Halsweh haben? Bei deinem Hals? Ja, wenn du Rüsselweh hättest, darüber könnte man reden."

Die Giraffe tänzelte davon.

Der Elefant streckte den Rüssel in die Luft und trompetete seinen Ärger über die Steppe.

Die Giraffe kam zum Affenbrotbaum.

Auf dem untersten Zweig saß ein Affe. Der hatte sie schon die ganze Zeit beobachtet und hatte alles mitangehört.

„Mein Hals tut so weh", jammerte die Giraffe.

Der Affe schaukelte an einer Hand. „Du Ärmste. Zwei Meter Halsweh. Wie schrecklich."

Die Giraffe nickte. Sie hatte zwar nur einen Meter zwanzig Halsweh, aber das Mitgefühl des Affen tat ihr wohl.

„Du müsstest deinen Hals verkürzen", schnatterte der Affe. „Mach einen Knoten hinein. Dann hast du nur noch halb so viel Halsweh."

Die Giraffe dachte nach. Der Vorschlag schien ihr sehr vernünftig.

„Wie knote ich mich?", fragte sie.

Der Affe hüpfte von einem Ast zum anderen.

„Schau mir nach", schnatterte er. „Du darfst mich nicht einen Moment aus den Augen verlieren."

Beim ersten und zweiten Mal klappte es nicht.

Beim dritten Mal aber verknotete die Giraffe ihren Hals, während der Affe auf dem Baum herumturnte.

Als sie ihren Kopf durch die Schlinge steckte, sprang der Affe mit einem Satz vom Baum.

Die Giraffe blickte nach und zog den Knoten fest.

„Na?", fragte der Affe.

Der Elefant und das Nilpferd kamen angetrabt.

„Na?", fragte der Elefant.

„Na?", fragte das Nilpferd. „Hast du nur noch halbe Halsschmerzen?"

Die Giraffe stöhnte. „Doppelte."

„Es kommt nicht auf die Länge an", kicherte der Affe.

Er schaukelte hin und her und lachte.

Die Giraffe scharrte mit ihren kleinen Hufen,

dass der Staub aufwirbelte. Sie bemühte sich, ihren Hals zu entknoten. Dabei zog sie den Knoten immer noch fester zu.

„Sie kriegt keine Luft mehr", schnaubte das Nilpferd.

„Wir müssen ihr helfen!", trompetete der Elefant.

Er versuchte den Knoten mit seinem Rüssel zu lockern. Aber das gelang nicht.

Die Giraffe schlug wild um sich.

„Du Blödaffe", schnaubte das Nilpferd den Affen an. „Siehst du, was du angestellt hast?"

Der Affe schaute sehr schuldbewusst. Er bemühte sich, den Knoten zu lösen. Aber es gelang ihm nicht.

„Was sollen wir bloß tun?", schnaubte das Nilpferd, trompetete der Elefant, schnatterte der Affe.

Die Giraffe sagte gar nichts mehr. Sie stöhnte nur noch leise.

Da kam eine Maus angewuselt.

Sie fiepte: „Was ist denn hier los? Kann ich irgendwie helfen?"

„Du?", fragten die großen Tiere. „Wie willst du

denn helfen, wenn nicht einmal wir es können – groß wie wir sind?"

Die Maus betrachtete den Knoten.

Sie wuselte den Giraffenhals hinauf, wuselte in den Knoten hinein. Ihre winzigen Füße kitzelten so sehr, dass die Giraffe wieder wild mit den Hufen schlug.

„Hier anziehen!", fiepte die Maus.

Der Elefant zog mit seinem Rüssel an.

Das Nilpferd stemmte sich mit seinem ganzen großen Bauch hinter den Elefanten, damit er nicht umfiel.

„Runter!", fiepte die Maus. „Und jetzt hinauf!"

Der Affe hüpfte aufgeregt hin und her.

„Das wollte ich doch nicht", schnatterte er die ganze Zeit.

Gemeinsam schafften sie es – Maus, Elefant und Nilpferd – den Giraffenhals zu entknoten. Aber dann lag die Giraffe da und rührte sich nicht.

Der Elefant trabte zum nächsten Wasserloch, nahm einen ganzen Rüssel voll Wasser und spritzte es über die Giraffe.

Jetzt schlug sie die Augen auf.

Der Affe sauste vor Freude auf eine hohe Kokospalme. Er schaukelte wild hin und her und schnatterte laut: „Sie haben es geschafft! Sie haben es geschafft!"

Bei dem wilden Schaukeln fiel eine Kokosnuss herunter.

Die Kokosnuss rollte dem Nilpferd vor die Füße.

„Was soll der Unsinn?", grunzte das Nilpferd und trat mit dem Fuß nach der Kokosnuss.

Die Kokosnuss rollte dem Elefanten vor die Füße.

„Was soll der Unsinn?", trompetete er.

Aber dann fanden sie es lustig, die Kokosnuss hin und her zu rollen.

Der Affe kletterte von der Kokospalme und spielte mit.

Die Giraffe kickte zuerst nur im Liegen, doch dann stand sie auf und spielte auch Fußball.

Die Maus aber saß hoch oben auf dem Giraffenkopf. „Einer muss ja aufpassen", fiepte sie. „Wenn man euch Große allein lässt, kann ja wer weiß was passieren."

Erwin Moser

Zwei Hähne

Balduin, der prächtige Hahn, war der Herr eines großen Hühnerhofes. Mit hoch erhobenem Kopf stolzierte er den ganzen Tag umher.

Dreiunddreißig Hühner, zwölf Enten und acht Gänse lebten noch in diesem Hof. Die Hühner verehrten ihren schönen Hahn sehr. Auch die Enten hatten ihn als Chef des Hofes anerkannt.

Die Gänse mochten Balduin zwar nicht so sehr, weil er ihnen zu aufgeblasen vorkam, aber selbst sie mussten zugeben, dass etwas Majestätisches in seinem Wesen lag. Und wenn Balduin seine durchdringende Stimme erhob und sein lautes „Kikerikiiiii!" schmetterte, verstummten alle Tiere ehrfurchtsvoll.

Der Hahn Balduin war rundherum mit seinem Leben zufrieden. Er war der Größte, der Beste und der Schönste, darüber konnte gar kein Zweifel bestehen.

Nur eine Sache machte ihm schwer zu schaffen. Es gab einen zweiten Hahn in der Umgebung, der Balduins unumschränkte Größe offenbar in Frage stellen wollte. Einen unheimlichen schwarzen Teufel, der Tag für Tag hochmütig auf Balduin und sein Reich herabschaute.

Nie verließ er seinen Platz auf der Kirchturmspitze – seine Ausdauer und sein Mut waren ungeheuerlich! Selbst bei starkem Wind flog er nicht herunter, sondern drehte sich nur stolz hierhin und dorthin.

Balduin hasste diesen schwarzen Kirchturmhahn. Er ärgerte sich, so oft er ihn sah.

Manchmal stieg Balduin auf den Misthaufen und schrie in der Hahnsprache zum Kirchturm hinüber: „Feigling! Komm herunter, wenn du dich traust! Ich bin hier der Größte, hörst du? Kikerikiiiii!"

Doch der unheimliche schwarze Hahn auf dem Kirchturm gab nie Antwort.

Käthe Recheis

Zwei Mäuse auf der Wiese

Es war einmal eine Wiesenmaus, die sammelte von früh bis spät Vorräte für den Winter. Sie grub nach Knollen und Wurzeln, streifte Samen von den Gräsern und trug alles in ihren Bau. War eine Kammer voll, füllte sie die nächste. Nie gönnte sie sich Ruhe.

„Die Sonne scheint", dachte sie, „und es ist warm. Aber wer weiß, wie lange noch? Auf einmal ist der Winter da mit Eis und Schnee und Kälte. Darauf muss ich vorbereitet sein."

Nicht weit vom Bau der Wiesenmaus entfernt hatte eine andere Maus ihre Höhle. Die Vorratskammern waren noch leer.

„Warum soll ich jetzt schon an den Winter denken?", sagte sich diese Maus. „Warum soll ich mich jetzt schon plagen? Wie schön ist es, wenn die Sonne scheint!"

Die zweite Maus tanzte und sang von früh bis spät und freute sich, weil die Sonne schien und Gras und Blumen dufteten. Manchmal begegneten sich die beiden Mäuse.

„Komm, tanz mit mir! Komm, sing mit mir!", rief die zweite Maus.

„Keine Zeit!", antwortete die Wiesenmaus und eilte weiter.

Die warmen Tage gingen zu Ende. Es wurde kalt. Jetzt erst fing die zweite Maus zu sammeln an. Sie fand kaum noch Samen, und im gefrorenen Boden konnte sie nicht nach Wurzeln graben.

Schnee fiel und deckte die Erde zu. Unten in ihrem Bau hatte die Wiesenmaus es warm und gemütlich. Vorräte hatte sie genug. Sie kuschelte sich ins Nest und war froh, nicht hinaus in die Kälte zu müssen.

Die Vorräte der anderen Maus reichten nicht lange. Im tiefen Schnee fand sie kaum Futter. Sie irrte umher, wurde immer hungriger und immer schwächer. Da raffte sie sich auf und lief zum Bau der Wiesenmaus.

„Hilf mir!", bat sie. „Ich bin so hungrig! Wenn ich nicht bald etwas fresse, muss ich sterben. Gib mir ein wenig von deinen Vorräten!"

„Warum sollte ich?", sagte die Wiesenmaus.

„Als die Sonne schien, hast du nicht an den Winter gedacht, hast getanzt und gesungen. Wenn du jetzt hungrig bist, ist es deine Schuld."

„Ja, das stimmt", sagte die zweite Maus traurig. „Ich wünschte, ich hätte Knollen und Wurzeln und Samen gesammelt wie du. Aber es war so schön, im Sonnenschein zu tanzen und zu singen."

Unten in der Höhle dachte die Wiesenmaus daran, wie sie immerzu, ohne sich Rast zu gönnen, Vorräte eingesammelt hatte. Wie mühsam war das gewesen! Auf einmal sehnte sie sich danach zu tanzen und zu singen.

„Weißt du was", rief sie der anderen Maus zu. „Komm zu mir in die Höhle. Meine Vorräte reichen für zwei. Dafür musst du mir beibringen, wie man tanzt und singt, wenn der Winter vorbei ist."

„Das will ich gern tun", sagte die zweite Maus und schlüpfte in die Höhle.

Die beiden Mäuse fraßen Samen und Knollen und Wurzeln und hatten es warm und gemütlich im Bau, mochte es draußen noch so stürmen und schneien.

Im nächsten Sommer streiften sie Samen von den Gräsern und gruben nach Wurzeln und Knollen und füllten ihre Vorratskammern. Sie nahmen sich aber auch Zeit zu tanzen und zu singen und sich zu freuen, weil die Sonne schien und Gras und Blumen dufteten.

Erich Weidinger

Eine Überraschung für den Vogel

Vogel:

„Das darf wohl nicht wahr sein! Meine Menschen-
familie möchte sich eine Katze anschaffen!

Bisher hatte ich ein wunderbar ruhiges Leben.
Ich bin sicherlich der schönste Wellensittich,
den es in der ganzen Gegend gibt. Meine
Brust leuchtet in herrlichem Gelb und Grün und
meine prächtigen Flügel stellen alle anderen Vögel
in den Schatten. Unter meinem Schnabel finden
sich links und rechts jeweils zwei schwarze
Punkte. Das kann ich in einem kleinen Spiegel
sehen, der bei mir im Käfig hängt. Ich war in
der Tierhandlung eindeutig der hübscheste
Vogel. Darum wurde zuerst ich verkauft.
Klar, jeder will immer das Schönste haben!

Nun lebe ich bei einer Familie in einem
großen runden Käfig. Ab und zu darf ich heraus
und kann im Zimmer herumfliegen. Dann sitze
ich auf der Gardinenstange und sehe meinen
Menschen zu. Manchmal setze ich mich auf die

Schulter von Peter und bekomme ein Körnchen oder sonst etwas Leckeres.

Vor Kurzem saß ich bei dem großen Menschen auf der Schulter. Er hat mich unter dem Schnabel auf der Brust sanft gestreichelt. Das war so angenehm und schön! Vor lauter Entspannung musste ich etwas fallen lassen. Auf den Langen, der Papa heißt.

Oh, hat der geschimpft und geflucht! Die anderen haben gelacht.

Der mittelgroße Mensch dürfte das Weibchen sein, so wie ich. Sie wird von Peter, dem Kleinsten der drei Menschen, Mama genannt. Meistens bringt Peter mir das Futter und putzt meinen Käfig, während ich auf der Gardine sitze und ihm etwas vorsinge.

Und jetzt das! Meine Menschen haben beschlossen,sich noch ein Tier anzuschaffen. Eine Katze ! Eine rote! Das sind die wildesten. Hatten zumindest meine gefiederten Freunde in der Tierhandlung behauptet. Wir Vögel sind, genau wie die Mäuse, die am meisten gejagten Tiere der Katzen. Wissen meine Mitbewohner denn nicht, dass wir zwei überhaupt nicht zusammen passen? Lautstark versuche ich ihnen das zu erklären, doch sie verstehen überhaupt nichts.

„Juli freut sich auch, dass wir eine Katze zu Besuch haben", meint Peter. Er deutet meinen Protest völlig falsch.

Der neue Kater, der Murrli heißt, kommt sofort auf meine Behausung zu und blickt gierig mit seinen dunklen Augen in meinen Käfig. Er miaut. Wahrscheinlich will er mir mitteilen, dass ich heute Teil seines Abendessens sein werde. Was für ein dummer Name! Murrli. Als ob das Vieh nett und lieb wäre, dabei ist es ein fürchterliches Raubtier!"

Kater:

„Endlich bin ich raus aus diesem schrecklichen Katzenkorb! Immer, wenn mein Frauchen mit mir wegfährt, sperrt sie mich in diesen Käfig aus Plastik. Ich hasse ihn und das Autofahren auch. Da muss ich immer pinkeln. Und in diesem blöden Gefängnis kann ich nicht einmal etwas Sand darüber scharren. Wer setzt sich schon gerne in seine eigene Pisse!

Aber jetzt bin ich in einem fremden Haus. Mein Frauchen versucht mir etwas zu erklären.

„Murrli, morgen hole ich dich wieder ab, du bist hier gut aufgehoben." Und schon ist sie weg. Ich kenne das. Immer wieder bringt sie mich für eine oder zwei Nächte zu Fremden. Als ob ich nicht selber auf mich aufpassen könnte.

Ja, was sehe ich denn da! Ein Vögelchen. Hm, das wäre sicher ein Leckerbissen, so schön wie es leuchtet! Leider sitzt der Vogel hinter Gittern. In so einem Käfig, der um ein Vielfaches größer ist als man selber, lässt es sich aushalten. Ich muss ihn meinem Frauchen unbedingt zeigen.

„Hallo Piepmatz! Schmeckst du auch so gut, wie du aussiehst?"

Der Vogel scheint mich zu verstehen. Wie aufgeregt er hin und her hopst. Aua! Der kleine Mann zieht mich am Schwanz vom Käfig weg und will mich streicheln. Also gut. Dann werde ich mich erst einmal etwas ausruhen."

Vogel:

„Ich glaube Peter hat verstanden, in welcher Gefahr ich schwebe. Er hat den Kater zurückgehalten. Ich falte die Flügel aus und schlage damit ein, zwei Mal. Ich strecke den Kopf nach oben und drehe ihn soweit ich kann. Ah...das tut gut... ich bekomme wieder Luft. Die Angst ist vorerst gebannt. Jetzt liegt dieses Monster auf dem weichen Teppich und pennt! Was das wohl werden soll?

He, Peter, Mama oder Papa! Wo seid ihr ? Jetzt sind sie plötzlich weg und haben mich mit dem Raubtier alleine gelassen. He...Hallo...das könnt ihr nicht machen...

Ich schreie und schreie, aber es nützt nichts. Sie haben die Wohnung verlassen. Im Normalfall kein Problem, denn das machen sie ständig. Aber heute ist ein Ungeheuer in unserer Wohnung und ich bin alleine. Vielleicht...vielleicht sollte ich ganz still sein und so tun, als ob ich schlafe. Nicht, dass ich den Kater aufwecke. Ja, das versuche ich mal. Nur die Ruhe behalten, Augen schließen, aber   nicht ganz."

Kater:

„Hmh ... das Schläfchen war gut. Die haben hier einen superweichen Teppich. Den muss ich auch meinem Frauchen zeigen. Wo sind denn die Menschen hin? Es ist so still.

Niemand hier, außer einem Vogel und einem Kater. Jetzt muss ich erst wieder richtig wach werden. Krallen ausfahren, im Teppich einhaken und den Körper schön durchstrecken. Aah…. herrlich! Das tut gut. Gleich noch einmal.

Ein kleiner Happen würde mir schmecken. Zum Beispiel so etwas wie ein Vögelchen.

Mal sehen, was der Piepmatz so macht. Er schläft…hm, wie bringe ich den Vogel da bloß raus? Dreimal bin ich schon um den Käfig geschlichen, aber es gibt nirgends eine Öffnung."

Vogel:

„Hilfe! …Der Kater hat was Schlimmes vor, das spüre ich! Er schleicht herum und beobachtet mich. Ganz ruhig bleiben. Ahhh … er hat versucht mit seinen Pfoten zwischen den Stäben durchzukommen. Wäre es nicht so gefährlich, müsste ich lachen, wie dumm dieses Tier ist. Nein, auch auf der anderen Seite kommst du mit deinen Pfoten nicht herein. Verschwinde, das ist mein Zuhause! Ich war als Erster da! Was macht er denn jetzt? Nein, bitte nicht. Er klettert auf das Sofa und duckt sich zum Sprung. Nein! Hilfe!"

Kater:

„Wäre doch gelacht, wenn ich diesen Käfig nicht umwerfen könnte. Schön die Beinmuskeln anspannen und los. Sprung! Ich knalle gegen den Käfig und bringe ihn aus dem Gleichgewicht. Ich falle mit ihm zusammen auf den Boden. Es scheppert gewaltig. Der Vogel piepst, als ginge es um sein Leben. Ach ja. Stimmt ja. Ich will ihn fressen.

Upps, wo ist er jetzt? Der Sand und andere kleinen Dinge aus dem Käfig sind auf dem Boden verstreut. Der Käfig ist leer. Kein Vogel. Wo bist du?"

Vogel:

„Uff .... jetzt habe ich aber Glück gehabt. Ich dachte schon, es wäre mein letzter Atemzug gewesen. Zum Glück bin ich schnell aufgeflogen und aus dem umgestürzten Käfig entwischt, jetzt sitze ich auf der Gardinenstange. Mein kleines Herz schlägt wie wild, puh, ich muss es erst beruhigen. Der blöde Kater sucht mich. Ha! Dummes Vieh…ich kann fliegen und du nicht! Ich gebe Töne von mir, was ich eigentlich gar nicht will, aber ich kann nicht anders. Murrli entdeckt mich hier oben. Sie miaut zornig. Schau nicht so dumm, du hast das hier angerichtet! Ich bin nicht dein Futter. Verschwinde gefälligst und lass mich alleine!"

Kater:

„Du frecher Piepmatz! So schnell gebe ich nicht auf. Du sitzt da oben und machst dich lustig über mich. Fliegen kann ich zwar nicht, aber klettern. Meine Krallen können sich gut in Stoffen festhalten. Und hier gibt es genug Stoffe, die von dieser Stange herunterhängen, auf der du sitzt. Schrei nur, niemand wird dir helfen. Ich komme!

Ich springe auf den schweren Stoff, der mich tatsächlich hält. Vorsichtig versuche ich weiterhinauf zu klettern, doch irgendetwas klappt nicht."

Vogel:

„So ein Kater ist wirklich dämlich. He, ich kann fliegen, nicht du! Und jetzt hängst du an der Gardine und kannst nicht mehr rauf oder runter. Deine Krallen haben sich in den Stoffen verheddert. Ich habe gewonnen! Schau ich fliege eine Runde und bevor ich wieder hier Platz nehme, werde ich dir eine kleine Schramme am Rücken zufügen! Los geht's! Hahaha!"

Kater:

„Mist! Ich kann nicht mehr weiter. Meine Krallen stecken fest. Egal, was ich mache, ich komme nicht runter. Hilfe! So helft mir doch! Was macht der Vogel da? Er fliegt einfach weg. Ich kann nicht einmal sehen, wo er landet. Aua! Was war das! Das tut weh! Etwas hat mich genau dort verletzt, wo mein Schwanz beginnt. Ich komme mit meinem Kopf nicht dorthin. Ich muss hier runter! Der Piepmatz ist wieder da. Genau über mir. Was ist das! Er lässt was auf mich fallen! Hilfe!"

Vogel:

„Treffer! Der Kater kann nicht einmal den Schmutz von seiner Schnauze wischen. Ha! Das kommt davon, wenn du… He, nicht so wild, du reißt ja noch alles herunter. Aufhören! Der Vorhang fällt sonst noch runter. Zu spät! Der dumme Kater hat alles heruntergerissen. Na gut, dann flieg ich wieder eine Runde!"

Kater:

„Hilfe ! Ich sehe nichts mehr. Bin völlig in diesen Stoff eingewickelt. Nur, weil sich dieser blöde Vogel nicht fangen lassen wollte. Dieser miese kleine Kerl! Na warte, dich krieg ich schon…ah… ich höre was. Die Menschen sind zurück. He.. lasst mich hier raus, bevor ich ersticke!"

Vogel:

„Zum Glück sind meine Menschen nach Hause gekommen. Ich sitze auf einem eckigen Gerät, in das die Menschen oft hineinstarren und sehe zu, wie sie den Kater aus dem Wirrwarr von Stoffen befreien. Und wie sie schimpfen! Hihi!

Also, ich möchte jetzt kein Kater sein.

Mein Käfig wird wieder aufgestellt. Und das Beste ist, dass sie Murrli hinaustragen. Ich bin mir sicher, dass meine Menschen diese Bestie nicht mehr hereinlassen!

So, jetzt nach all der Aufregung habe ich richtig Hunger. Hm, auf dem Boden liegen meine leckeren Körner.

Was höre ich denn da? Wer zwitschert hier? Peter hat einen Vogel in der Hand. Einen hübschen Wellensittichmann! Zieht der bei mir ein? Was für eine Überraschung!

Hallo mein Freund, ich freue mich, dass du da bist! Nun bin ich nicht mehr allein.

Du bleibst hoffentlich länger als dieser blöde Kater!"

Vera Ferra-Mikura

Wie spät ist es, Herr Fuchs?

„Du hast es heute wieder eilig, nicht wahr?", fragte der Maulwurf ein schlankes Eidechslein, das an seinem Haus vorbeilief.

„O ja", antwortete die Eidechse atemlos. „Wenn du wüsstest, was mir die Ringelnatter erzählt hat!"

Der Maulwurf tat, als ob er nicht neugierig wäre. Ruhig putzte er ein paar Erdkrumen aus seinem Pelz und brummte: „Nun ja, du meinst wohl die Hochzeit der Kröte. Es gibt doch alle Augenblicke ein Fest bei uns. Vorgestern hat der Specht zwei Kinder bekommen, und vor Freude gab er ein großes Klopfkonzert. Mir gefällt so etwas gar nicht. Bei der Hochzeit der Kröte wird sicher schrecklich laut gequakt werden. Darum gehe ich nicht hin."

„Hör zu", sagte die Eidechse, „ich rede ja nicht von der Krötenhochzeit. Wenn du magst, kannst du mich begleiten. Ich laufe zum Fuchs."

„Was soll ich beim Fuchs machen? Seine

spitze Nase gefällt mir nicht. Und er ist furchtbar eingebildet. Man muss immer Herr Fuchs zu ihm sagen, sonst hört er einen überhaupt nicht an. Das ist doch zum Lachen! Nein, der Fuchs und ich sind nie Freunde gewesen."

„Aber er hat seit gestern ein Wunder in seinem Haus. Ein richtiges Wunder. Das muss man gesehen haben", sagt die Ringelnatter.

„Ein Wunder, so?"

„Ja, ein Ding, das die Zeit anzeigt. Die Menschen nennen es Uhr. Der Jäger wird es wohl im Gestrüpp verloren haben. Komm mit und schau dir das Wunder selbst an!"

„Hm, hm!" Der Maulwurf kratzte sich den Kopf. „Wenn das so ist, begleite ich dich. Eine Uhr möchte ich gerne sehen. Was es heutzutage alles gibt! Hm, hm."

Ein Hirschkäfer, eine Libelle und eine Spinne, die das Gespräch belauscht hatten, schlossen sich der Eidechse und dem Maulwurf an und bald standen die fünf vor dem Haus des Fuchses.

„Lass uns deinen Fund anschauen", rief der Maulwurf; „Komm heraus, Fuchs!"

Er bekam keine Antwort. Die Türe blieb zu.

„Das muss man anders machen", flüsterte die Spinne. Sie wackelte auf ihren langen Beinen hin und her und sagte schlau: „Herr Fuchs! Herr Fuchs! Gute Bekannte sind zu Besuch. Sie möchten ganz bescheiden zu deinem Fund gratulieren!"

Knarr, da ging die Tür auf und der Fuchs zeigte lachend seine Zähne.

„Willkommen, Leute", sprach er. „Seht, hier ist die Uhr. Aber nicht angreifen, bitte sehr. Ist sie nicht prachtvoll? Ganz aus Silber, ja, ja. Und sie leuchtet im Dunkeln!"

„Oh, jetzt höre ich auch die Stimme der Uhr. Tik-tak-tik-tak! Du bist zu beneiden, Fuchs!"

„Herr Fuchs", besserte der Fuchs hochmütig aus. Er ließ die Uhr langsam vor der Nase des Maulwurfs pendeln und sagte dann: „Doch wisst ihr, was das Beste ist? Ich habe schon gelernt, die Zeit abzulesen. Eben ist es punkt zwölf Uhr."

Die Eidechse wiegte ihr grünes Köpfchen und seufzte: „Zwölf Uhr? Irrst du dich nicht?"

Der Fuchs lächelte eitel und strich seinen Schnurrbart. „Du kannst es glauben. Schau einmal die Sonne an, sie steht jetzt am höchsten. Also ist es zwölf Uhr."

„Ja, richtig", meldete sich schüchtern die Libelle. „Welch ein Wunder!"

„Guten Tag, Herr Fuchs", piepsten da zwei braune Waldmäuslein. „Das Eichhörnchen schickt uns. Wir möchten die Uhr ansehen."

„Das dürft ihr", antwortete der Fuchs. „Doch greift sie nicht an, ihr habt schmutzige Pfoten. Ich kann auf die Uhr nicht genug aufpassen. Wenn ihr alle wieder fort seid, verstecke ich sie in meiner Schlafkammer."

„Schade", sagte der Hirschkäfer, „ich dachte, du würdest die Uhr außen an deine Tür hängen, damit alle Tiere des Waldes die Zeit ablesen können."

„Hahaha", lachte der Fuchs. „An die Tür hängen? Hast du das gehört, Spinne? So etwas werde ich niemals tun. Die Uhr ist mein Eigentum. Wer wissen will, wie spät es ist, muss sich schon zu mir hereinbemühen und mich um die Zeit fragen."

„Wenn du erlaubst, werden wir recht oft bei dir anklopfen", sagte die Eidechse.

„Ja, wenn du es erlaubst", murmelte der Maulwurf. „Auf Wiedersehen!"

„Auf Wiedersehen, Leute", erwiderte der Fuchs mit stolzem Kopfnicken.

Kaum waren sie gegangen, erschienen viele andere, von Neugierde geplagte Tiere: die Eule, die dicke Kröte, zwei junge Rehe, ein Hase und drei langbeinige Weberknechte.

Der Fuchs begrüßte die bunte Gesellschaft, zeigte die Uhr und wurde nicht müde, seinen Fund als großen Zauber zu preisen. Die Waldbewohner sollten erfahren, wie gescheit er war.

Denn nur er allein verstand es, die Sprache der Uhrzeiger mit einem Blick richtig zu deuten.

Dann kam der Sonntag und der Fuchs unternahm einen Morgenspaziergang. Die Uhr baumelte an der Kette von seinem Hals.

„Sei gegrüßt", riefen ihm von allen Seiten freundliche Stimmen zu. „Wie spät ist es, Herr Fuchs?"

Anfangs gab der Fuchs gerne Auskunft. Nach und nach aber wurde er dieses Spiels überdrüssig und er knurrte: „Lasst mich in Ruhe. Das ewige Fragen und Antworten macht mich

müde. Uahhh! Uahhhh!" Und er trat, laut gähnend, den Heimweg an.

Nun nahm er die Uhr nicht mehr auf Spaziergänge mit. Dennoch fragte jedes Tier, das ihm im Wald begegnete: „Wie spät ist es, Herr Fuchs? Wie spät ist es?"

Kaum kehrte er in seinen Bau zurück, empfingen ihn schon wieder ein paar Quälgeister mit der gleichen Frage: „Wie spät ist es, Herr Fuchs? Kommt bald der Abend? Es ist so düster heute."

„Wie spät ist es denn, Herr Fuchs? Um sieben Uhr ist ein Fest bei den Leuchtkäfern. Wir wollen pünktlich sein, sonst bekommen wir keinen Heidelbeersaft mehr!"
Bei Tag und Nacht hatte der Fuchs keine Ruhe. Sogar im Traum hörte er schüchterne und kecke, helle und krächzende, zirpende und schnarrende Stimmen und dazwischen das Klopfen an seiner Tür.

Fast regelmäßig um Mitternacht kam die Kröte angehumpelt und rief: „Wie spät ist es, Herr Fuchs? Ist schon Mitternacht vorbei? Mein Mann sollte längst zu Hause sein –"

„Du störst mich, geh fort", antwortete der Fuchs schlaftrunken. „Seit einer Woche bin ich heiser. Nie zuvor hab' ich so viel reden müssen."

Die Kröte blinzelte gekränkt. „Vielleicht solltest du den Rat des Hirschkäfers befolgen und die Uhr vor dem Haus aufhängen. Wir würden sicher bald lernen, wie man die Zeit abliest. Nur dein Eigensinn ist schuld, wenn du Halsschmerzen und einen unruhigen Schlaf hast!"

Nach diesen Worten entfernte sie sich, und der Fuchs sank ermattet auf sein Bett.

Kaum aber hatte er das Gesicht zur Wand gekehrt, wollte schon wieder jemand eingelassen werden.

Diesmal waren es drei Schnecken, die vor der Tür schrien: „Herr Fuchs! Herr Fuchs!"

Der Fuchs drückte die Pfoten an seine Ohren. Nein, nein, dachte er grimmig, ich will heute nicht mehr gestört werden.

„Wir sind weit gewandert", rief eine der Schnecken beharrlich. „Du musst uns die Uhr zeigen!"

Am frühen Morgen band der Fuchs eine Tafel an ein Gebüsch neben seiner Wohnung. Darauf stand: „Ich bin nicht zu Hause!" Dann rollte er sich zufrieden auf seinem Lager ein und fiel in einen tiefen Schlummer.

Die Tafel aber nützte ihm wenig. Eine Menge neuer Störenfriede begann vor der Tür zu lärmen.

Der Kuckuck schrie: „So schlau wie der Fuchs sind wir auch. Die Kreuzotter hat gesehen, wie er die Tafel aufhängte und dann in seinem Bau verschwand."

Ein Chor aufgeregter Stimmen kreischte: „Wie spät ist es, Herr Fuchs? Versteck dich nicht! Komm heraus! Wir wissen, dass du daheim bist!"

Da öffnete der Fuchs die Tür einen schmalen Spalt und sprach: „Habt doch Erbarmen mit mir. Ich bin krank und brauche Ruhe. Kommt in ein paar Tagen, vielleicht ist mir bis dahin besser."

Bums! fiel die Türe zu.

„Nein, das ist unglaublich", zeterte eine Heuschrecke. „Wovon sollte der Fuchs krank geworden sein? Ich wette, er ist gesund! Er will uns nur ärgern!"

Die Waldtauben gurrten: „Der Fuchs schwindelt. Guruuh!"

Fünf Laubfrösche quakten empört: „Wir

platzen vor Neugierde, wie die Uhr aussieht. Der Fuchs muss die Uhr herzeigen! Qua! Qua!"

Der Hamster schimpfte mit vollen Backen: „Die Uhr gehört nicht dem Fuchs allein. Der Jäger hat sie ihm nicht geschenkt. Kommt, wir holen sie aus dem Fuchsbau, sie soll uns allen gehören. Kommt, wir drücken die Tür ein!"

Das ließ sich die enttäuschte Gesellschaft nicht zweimal sagen.

„Horuck!", schrie das Wiesel.

„Nur Mut!", schrie der Igel und stellte wütend seine Stacheln auf.

Eine Fledermaus, die an einem Ast hing, kicherte: „Hihi – beeilt euch! Der Fuchs wird durch die hintere Tür davonlaufen."

So war es auch. Während das Gedränge vor seiner Tür immer dichter und drohender wurde, entschlüpfte der Fuchs durch den hinteren Ausgang und lief zwischen Farnen und Büschen davon.

Endlich fühlte er sich vor den neidischen Fröschen, Heuschrecken und Mäusen sicher und hielt in einer Laubmulde kurze Rast. Dabei betrachtete er voll Stolz die Uhr und streichelte das Zifferblatt mit seinen Pfoten.

„Da ist er! Da ist er!", klang plötzlich eine Stimme über ihm.

„Oho!", machte der Fuchs erschrocken. Er drückte sich tiefer ins Laub und blinzelte mit einem Auge zur Höhe. „Halt deinen Schnabel, Specht. Sei still –"

Der Specht aber schrie weiter: „Da ist er! Beeilt euch! Nehmt ihm die Uhr weg!"

Husch, nun sauste der Fuchs aus seinem Versteck und jagte wie blind durchs Gestrüpp. Hinter ihm her hüpften die Heuschrecken in wildem Galopp, und die Mäuse rannten blitzschnell auf seinen Spuren dahin.

„Haltet ihn, haltet ihn", zeterten die Schnecken.

„Pfff! Pfff!", schnaufte der Hamster. „Wir werden ihn gleich erwischen."

„Wenn nur die Uhr nicht kaputt wird", lispelte die Libelle ängstlich.

„Pfui, schämt euch", brummte der Maulwurf. „Lasst ihn laufen. Wir sind nie Freunde gewesen, der Fuchs und ich, aber trotzdem tut er mir leid."

„Sie sind alle verrückt geworden", sagte die

Eidechse bekümmert.

Der Fuchs hatte indessen den Waldsee erreicht und lief keuchend das Ufer entlang.

Über ihm flogen die Waldtauben und gurrten: „Lass die Uhr im Gras liegen, dann hast du Ruhe!"

Die Mäuse sausten aus dem grünen Dickicht des Waldes, fünf Heuschrecken sprangen über die Gräser, und die Frösche quakten im Chor: „Bleib stehen, Fuchs, hier kannst du nicht weiter. Bleib stehen, Fuchs –"

Der Fuchs aber wankte mit zitternden Gliedern weiter, schleppte sich auf einen halb im Wasser liegenden dicken Ast und ruderte auf den See hinaus.

Hinter ihm blieb am Ufer eine laut scheltende und aufgeregte Menge zurück.

„Kehr um, du ertrinkst!", rief der Igel.

Der Fuchs wandte nicht einmal den Kopf. Er kauerte auf dem Ast und ruderte mit seinem buschigen Schwanz langsam weiter. „Nein", stöhnte er, „nein, sie wollen mir die Uhr wegnehmen. Meine prächtige Uhr! Oh, wie sind sie böse und herzlos –"

Plötzlich begann sich der Ast zu drehen, der Fuchs glitt mit einer Pfote ab, klatschte bis zum Hals ins Wasser und plumps! tauchte er bis über die Ohren unter.

Als er wieder emporkam und sich an den Ast klammerte, war die Uhr verschwunden.

„O weh!", seufzte er zuerst. Aber dann kam ein Lachen aus seiner spitzen Schnauze, das lauter und herzlicher wurde. Und sehr zum Erstaunen der anderen Tiere steuerte er den Ast zum Ufer zurück, kletterte auf die trockenen Steine und schüttelte das Wasser aus seinem Fell.

„Was hat er denn?", fragten die Schnecken, die in der hintersten Reihe saßen und das Gelächter des Fuchses hörten. „Er muss uns die Uhr geben und lacht dazu?"

„Das verstehe ich auch nicht", sagte die Eule, die ein wenig kurzsichtig war.

„Wo ist die Uhr?", schrie ein Regenwurm.

„Dort oben!", schrie der Fuchs und zeigte mit der rechten Pfote auf die Sonne. „Dort oben ist die Uhr, die uns allen gehört. Schaut sie euch nur an, sie ist ein richtiges Wunder! Man braucht sie nicht aufzuziehen, man braucht nicht um sie zu streiten, und sie kann nicht im Wasser verschwinden!" Und zum Igel und zum Hamster, die besonders eifrig in den Himmel blickten, sagte er: „Aber schaut nicht zu lange hinauf, sonst bekommt ihr Sommersprossen auf der Nase!"

Die Uhr war auf den Grund des Waldsees gesunken und lag nun zwischen Schlingpflanzen und weichen Hügeln aus Schlamm und verfaulten Blättern. Während der Fuchs und die anderen Tiere heimgingen, kamen viele flinke Fischlein geschwommen und betrachteten die Uhr mit runden Augen.

„Schön", sagten sie. „Sehr schön! Wer uns dies wohl zum Geschenk gemacht hat?"

Ein paar Tage kreisten sie um das sonderbare Ding, doch einmal wanden die Schlingpflanzen ihre Ärmchen fest um das silberne Gehäuse, zur Tiefe gesunkenes Laub hüllte es in einen dichten Mantel, und bald war die Uhr verborgen und vergessen.

Die Tiere des Waldes aber befragten wie eh und je die Sonne um die Zeit, oder sie kümmerten sich gar nicht mehr darum, wie spät es war. Und der Fuchs konnte wieder ungestört schlafen und fröhlich seinen Sonntagsspaziergang machen, denn niemand rief ihm mehr zu:

„Wie spät ist es, Herr Fuchs? Wie spät ist es?"

Käthe Recheis

Wie das Kaninchen mutig wurde

Es war einmal eine kleine Katze und ein kleines Kaninchen. Sie wohnten in einem alten Baum, die Haustür war ganz unten am Stamm zwischen zwei großen Wurzeln. Nicht weit von ihrem Baum floss ein Bach vorbei. Am Ufer wuchsen Büsche und Weiden, im Gras blühten Blumen.

Die kleine Katze und das kleine Kaninchen waren immer beisammen. Sie spielten miteinander, sie standen zur gleichen Zeit auf und gingen zur gleichen Zeit schlafen. Bessere Freunde als die zwei konnte man nirgends finden.

Nur eines war nicht so, wie es sein sollte. Das kleine Kaninchen fürchtete sich immer! Die kleine Katze aber hatte niemals Angst, auch dann nicht, wenn die Nacht kam und es dunkel wurde und es einmal da knisterte und einmal dort.

„Kaninchen", sagte die kleine Katze, „du brauchst keine Angst zu haben. Ich bin sehr mutig und ich beschütze dich vor Tigern und Riesen und Ungeheuern."

„Ich habe keine Angst", sagte das kleine Kaninchen. Seine großen Ohren zitterten, denn irgendwo raschelte es und knackte es.

„Kaninchen!", rief die kleine Katze. „Du wirst dich doch nicht schon wieder fürchten!"

„Ich fürchte mich nicht", wollte das kleine Kaninchen sagen, aber dazu kam es nicht mehr. Es hatte sich schon hinter dem nächsten Busch verkrochen.

Ja, das war schlimm! Immer hatte das kleine Kaninchen Angst. Nichts konnten die beiden in Ruhe tun.

Wenn sie beim Essen waren und es sich schmecken ließen, da brauchte die kleine Katze

nur zu sagen: „Hab keine Angst, Kaninchen, ich beschütze dich vor Tigern und Riesen und Ungeheuern ..." – und schon kroch das kleine Kaninchen unter sein Bett und wagte sich nicht mehr hervor.

Waren sie auf der Wiese, rannte das kleine Kaninchen plötzlich mitten im Spiel fort. Es versteckte sich im Haus, nur weil die Wellen im Bach plätscherten oder ein Ast im Wind seufzte.

„Dieses Kaninchen macht mich noch ganz verrückt!", dachte die kleine Katze.

Eines Abends saßen sie am Bach. Der Mond stand am Himmel, rund und weiß, auf dem Wasser blitzten Funken. Die Welt war still und feierlich. Nur die Wellen glucksten und irgendwo regte sich ein Vogel.

„Ach", sagte die kleine Katze, „gibt es etwas Schöneres als dazusitzen und im Mondlicht zu träumen?"

„Nein", sagte das kleine Kaninchen. Seine großen Ohren zitterten und lauschten und horchten.

„Kaninchen!", rief die kleine Katze. „Du wirst dich doch nicht schon wieder... „ Und dann sagte sie nichts mehr. Das kleine Kaninchen war ins Haus gerannt und hatte sich unter dem Bett verkrochen.

„Jetzt ist es zu viel!", sagte die kleine Katze. „Nichts kann ich in Ruhe tun. Nicht einmal im Mondlicht träumen! Was nützt es, einen Freund zu haben, wenn man dabei verrückt wird."

Die kleine Katze ging fort und wanderte am Bach entlang. Als sie lange gewandert war, setzte sie sich am Ufer nieder, schaute zum Mond auf und träumte.

„Wie gut ist es, dass ich allein bin", dachte die kleine Katze und war glücklich. Jetzt endlich hatte sie ihre Ruhe. „Ich werde mir ein neues Baumhaus suchen", sagte sie, „und dort will ich dann leben, ganz allein."

Die kleine Katze hätte dem Kaninchen gern erzählt, was sie vorhatte und wie schön das Leben sein würde, ganz allein. Aber das kleine Kaninchen war nicht da. Es war daheim, saß unterm Bett und fürchtete sich.

Die kleine Katze wanderte weiter. Am Ufer saß ein Waschbär und holte Krebse unter den Steinen hervor.

„Waschbär", sagte die kleine Katze, „ich suche ein Baumhaus, hörst du, dort will ich dann leben, ganz allein."

Der Waschbär gab keine Antwort, er war viel zu eifrig dabei, Krebse zu fangen.

Die kleine Katze wanderte weiter und weiter und kam zu den Fischottern.

„Fischotter", sagte die kleine Katze, „ich suche ein Baumhaus, hört ihr, dort will ich dann leben, ganz allein."

Die Fischotter gaben keine Antwort, sie

schlitterten vom Ufer ins Wasser, kletterten heraus und schlitterten wieder hinein. Sie merkten nicht, dass die kleine Katze da war, so vertieft waren sie in ihr Spiel.

„Es ist schön, allein zu sein!", sagte die kleine Katze und ging weiter. Schade nur, dass ihr niemand zuhörte.

„Macht nichts!", sagte die kleine Katze. „Ich werde schon jemanden finden."

Mond und Sterne erloschen. Es wurde Morgen. Die Vögel erwachten und sangen ihre Lieder. Um die kleine Katze kümmerten sie sich nicht.

Im Baumhaus war es auch Morgen geworden. Unter dem Bett war es schon fast hell. Das kleine Kaninchen wagte sich nicht darunter hervor.

„Die Katze ist fort", dachte es, „jetzt habe ich niemanden, der mich beschützt, wenn die Tiger kommen, die Riesen und Ungeheuer."

Die kleine Katze ging über eine Wiese und dachte an das kleine Kaninchen. Was wird es jetzt wohl tun?

„Sich fürchten!", sagte die kleine Katze. „Oh, es ist schön, dass ich allein bin und meine Ruhe habe."

Die kleine Katze ging und ging und ging, suchte ein Baumhaus, fand aber keines. Sie begegnete auch niemandem, mit dem sie reden konnte und der ihr zuhörte. Keiner hatte Zeit.

Die Biber mussten Bäume fällen für ihr Haus.

Der Igel lief durchs Gras und hatte es eilig, er wollte zu dem Platz kommen, wo die vielen Pilze wuchsen.

Das Eichhörnchen oben im Baum keckerte, warf eine Nuss herunter und flitzte dann hoch hinauf in den Wipfel.

Und die Maus – ja, die rannte gleich fort, als sie die Katze nur von weitem sah.

Es war nicht leicht, jemanden zu finden, mit dem man reden konnte und der einem zuhörte, wenn man ganz allein lebte und keinen Freund mehr hatte. Die kleine Katze merkte das jetzt. Aber sie verlor den Mut nicht und ging weiter und weiter und weiter.

Die Sonne stand hoch am Himmel und schien warm herab. Im Baumhaus war es ganz hell geworden. Das kleine Kaninchen kroch unter dem Bett hervor und wagte sich ins Freie.

Oben im Baum flüsterten die Blätter, in den Büschen raschelte es. Das kleine Kaninchen rannte ins Baumhaus und versteckte sich wieder unter dem Bett.

„Jetzt kommen sie", dachte es, „die Riesen und Tiger und Ungeheuer, und nehmen mir das Baumhaus weg."

Das kleine Kaninchen legte die Pfoten vors Gesicht und wollte nichts hören und nichts sehen. Wenn die kleine Katze heimkehrte, dann hatte sie kein Baumhaus mehr.

„Oh, die arme Katze!", dachte das kleine Kaninchen. „Sie ist mein bester Freund und ich lasse es zu, dass unser Baumhaus gestohlen wird."

Das kleine Kaninchen schlüpfte unter dem Bett hervor, ging leise zur Tür und lugte hinaus. Hinter einem Busch raschelte es, im Bach plätscherte es.

„Ich muss unser Baumhaus beschützen", sagte das kleine Kaninchen. „Ich muss die Tiger verjagen, die Riesen und die Ungeheuer."

Das kleine Kaninchen schlich zum Bach. Es zitterte, die langen Ohren bebten.

„Ich fürchte mich nicht", sagte das kleine

Kaninchen, aber es hatte so große Angst, dass es dreimal ins Haus zurückrannte und sich unterm Bett versteckte. Erst beim vierten Mal wagte es sich hin zum Busch.

Hinter dem Busch war niemand, nur die Blätter flüsterten im Wind. Und was im Bach plätscherte, war nur ein Fisch, der nach einer Fliege sprang.

„Da ist ja niemand!", sagte das kleine Kaninchen. „Kein Tiger, kein Riese, kein Ungeheuer. Ich habe sie alle verjagt! Oh, wie mutig bin ich! Wie mutig!"

Das kleine Kaninchen tanzte vor Freude und sang immer wieder: „Wie mutig bin ich! Wie mutig!"

Die Dämmerung kam, die Welt wurde grau. Das kleine Kaninchen saß vor dem Baumhaus und war glücklich.

„Ich habe unser Haus beschützt", sagte es, „damit die Katze nicht traurig sein muss, wenn sie heimkommt."

Das kleine Kaninchen wusste nicht, dass die kleine Katze nicht heimkommen wollte und ein neues Baumhaus suchte. Aber Baumhäuser

gibt es nicht viele. Da kann man lange suchen! Die kleine Katze fand keines. Und den ganzen Tag war sie niemandem begegnet, der Zeit für sie hatte.

Da machte die kleine Katze kehrt und rannte und rannte und rannte und kam zum Baumhaus, als eben der Mond aufging, groß und rot hinter den Weiden.

„Kaninchen! Kaninchen!", rief die kleine Katze. „Ich bin wieder da!"

Dann saßen sie am Bach, es war ein wunderschöner Abend. Der Mond stieg höher, wurde kleiner und ganz weiß. Auf dem Wasser blitzten Funken.

„Es ist gut, einen Freund zu haben", dachte die kleine Katze, „auch wenn er einen verrückt macht, weil man nichts in Ruhe tun kann."

Die Welt war still und feierlich. Nur die Wellen glucksten und irgendwo regte sich ein Vogel.

„Jetzt wird das Kaninchen sich fürchten", dachte die kleine Katze. „Jetzt gleich!"

Die kleine Katze wartete und wartete und wartete – aber das Kaninchen saß noch immer neben ihr.

„Los! Fürchte dich!", sagte die kleine Katze. „Du kannst Angst haben, so viel du willst. Es macht mir nichts aus."

„Weißt du, Katze", sagte das kleine Kaninchen und die langen Ohren zitterten nicht. „Ich habe unser Haus beschützt, damit du nicht traurig sein musst, wenn du heimkommst und keines mehr hast."

„Das war lieb von dir", sagte die kleine Katze. Sie saßen am Ufer, einer neben dem andern, schauten zum Mond auf und träumten und waren froh, dass sie einander hatten.

Kai Aline Hula

Der Mistkäfer zieht um

Eines Tages beschloss der Mistkäfer umzuziehen. Seine Mistkäferfrau hatte kleine weiße Eier gelegt und wenn erst die Mistkäferkinder herumkrabbeln, wäre es viel zu eng im Bau. Gerade war ein Tunnel eingestürzt und die Mistkäferfrau fand, dass es ein idealer Zeitpunkt zum Umziehen war. Sie freute sich auf ein extra Kinderzimmer.

Der Mistkäfer suchte eine Weile nach einem neuen Zuhause und fand schließlich ein nettes Plätzchen nicht zu weit entfernt. Es lag hinter drei schönen Birken direkt neben einer alten Eiche.

Zur Probe grub der Mistkäfer einen kleinen Tunnel in die Erde. Der Boden war weich, aber nicht zu weich. Es gab einen schützenden Baum, aber nicht zu viele Wurzeln. Und Nachbarn waren auch nicht zu sehen. Ja, das war ein guter Platz.

Gerade wollte der Mistkäfer seiner Frau die

gute Nachricht überbringen, da hörte er eine Stimme.

„Darf ich fragen, was Sie da tun?", fragte die Stimme streng. Sie gehörte zu einer Waldmaus, die neben dem Mistkäfer aufgetaucht war.

„Guten Tag", sagte der Mistkäfer. „Ich suche ein neues Zuhause für mich und meine Familie. Wir würden uns gern hier niederlassen."

Die Waldmaus musterte den Probetunnel.

„So geht das aber nicht", sagte sie. „Haben Sie den Umzug überhaupt angemeldet?", Der Mistkäfer schaute sie verwundert an. „Muss man das denn?"

„Und ob man das muss!" Die Waldmaus kräuselte ihre Barthaare. „Man kann doch nicht einfach umziehen, ohne das vorher anzumelden. Wo kommen wir denn da hin?"

„Verstehe", sagte der Mistkäfer. „Und wo melde ich mich an?"

Die Waldmaus zuckte mit ihren großen Ohren. „Da müssen Sie zum Meldeamt. Das Eichhörnchen ist der Direktor." Sie warf einen Blick zum Himmel. „Dort werden Sie jetzt aber niemanden mehr finden, es ist ja schon fast

Mittag. Am besten gehen Sie morgen. Und graben Sie hier bloß nicht weiter, bis Ihr Umzug angemeldet ist!"

Der Mistkäfer versicherte, das würde er nicht tun. Dann ging er nach Hause. Er hätte seiner Frau gern von dem neuen Platz erzählt. Aber wenn er dort nun gar nicht graben darf? Wenn sich vielleicht jemand anderer bereits angemeldet hat? Es war besser, er behielt seine Pläne erst einmal für sich.

Am nächsten Tag besuchte der Mistkäfer das Eichhörnchen. Es sortierte gerade seine Nüsse für den Winter und sah auf, als es den Mistkäfer bemerkte.

„Ist was?", fragte es.

„Entschuldigung", sagte der Mistkäfer. „Ich möchte meinen Umzug anmelden."

Das Eichhörnchen fegte mit seinem buschigen Schwanz einen Haufen Nüsse in ein Erdloch.

„Bauen oder mieten?", fragte es.

„Bauen", sagte der Mistkäfer stolz.

Das Eichhörnchen streckte eine Pfote aus, während es mit seinem Schwanz das Loch mit Erde auffüllte. „Ihre Grabegenehmigung, bitte."

„Genehmigung?", fragte der Mistkäfer. „Ich dachte, ich muss mich nur anmelden?"

Das Eichhörnchen seufzte. „Für den Bau eines neuen Heims brauchen Sie eine Bau- oder Grabegenehmigung", leierte es. „In Ihrem Fall geht es wohl ums Graben." Es warf dem Mistkäfer einen abschätzigen Blick zu.

Der Mistkäfer begann sich unwohl zu fühlen. „Und wo bekomme ich eine Grabegenehmigung?"

Das Eichhörnchen schüttelte missbilligend den Kopf. „Als ordentlicher Waldbewohner weiß man so etwas doch. Man zieht doch nicht einfach um und bleibt, wo es einem gefällt. Da muss schon alles seine Ordnung haben! Sie sind ja nicht allein im Wald!"

Der Mistkäfer schaute das Eichhörnchen schuldbewusst an. „So weit habe ich noch gar nicht gedacht", gab er zu.

„Die Grabegenehmigung bekommen Sie beim Dachs", sagte das Eichhörnchen etwas milder. „Er leitet seit Kurzem den Gruben- und Tunnel-aufsichtsrat. Wenn Sie sich beeilen, treffen Sie ihn vielleicht noch an."

„Vielen Dank", sagte der Mistkäfer höflich, obwohl er sich ein bisschen ärgerte. Er hatte sich so darauf gefreut, heute schon mit dem neuen Bau zu beginnen. Daraus wurde wohl nichts. Bis morgen musste er jedenfalls warten. Dass das alles so kompliziert sein musste!

Der Dachs wollte seine Höhle gerade verriegeln. Er verzog das Gesicht, als er den Mistkäfer sah. „Mittagspause", brummte er.

„Verzeihung", sagte der Mistkäfer. „Es dauert nicht lange. Ich brauche nur eine Grabegenehmigung für einen neuen Bau."

„Ausnahmsweise." Der Dachs zog ein Etui hervor und setzte sich eine Brille auf die gestreifte Nase. „Wenn Sie mir bitte den Grundriss geben."

Der Mistkäfer blinzelte. „Den Grundriss? Sie meinen von dem neuen Bau?"

„Wovon denn sonst?" Der Dachs starrte ihn über den Brillenrand an. „Oder wollten sie einfach so drauflos graben?"

Eigentlich schon, wollte der Mistkäfer sagen, aber der Dachs schien schon ungehalten genug.

„Kann ich den Grundriss vielleicht nachbringen?", fragte der Mistkäfer vorsichtig.

„Ausnahmsweise", grummelte der Dachs. „Dann lassen Sie einstweilen nur ihren Energieausweis und den Antrag auf Grundbucheintragung hier."

Der Mistkäfer schluckte. „Den Antrag muss ich erst ausfüllen", sagte er schließlich. „Haben Sie das Grundbuch denn hier? Dann könnten wir es ja auch gleich erledigen, ohne Antrag."

„Also Sie sind mir einer." Der Dachs schüttelte den Kopf. „Als wäre ich für das Grundbuch auch noch zuständig! Dafür müssen Sie zum Fuchs. Der hat allerdings nur frühmorgens geöffnet."

„Danke", sagte der Mistkäfer. Von den vielen Aufträgen brummte ihm der Kopf. Zuhause würde er sich erst einmal hinlegen.

„Ohne Antrag erledigen", hörte er den Dachs noch brummen. „So weit kommt es noch!"

Am nächsten Tag machte sich der Mistkäfer schon im Morgengrauen auf den Weg zum Fuchs. Er wollte die Sache so schnell wie möglich hinter sich bringen.

Der Fuchs lebte in einem Bau neben einem umgestürzten Baum. Bis der Mistkäfer den richtigen Baum fand, musste er zweimal nach dem Weg fragen. Erschöpft erreichte er schließlich den Fuchsbau. Vor dem Eingang standen zwei Wühlmäuse, eine Erdkröte, eine ganze Ameisenkolonie und eine verschlafene Schleiereule. „Ist das hier die Schlange für die Grundbucheintragung?", fragte der Mistkäfer.

„Schlange?" Die Wühlmäuse fuhren herum. „Nun seien Sie doch etwas rücksichtsvoller!"

Die Erdkröte schüttelte tadelnd den Kopf.

„Verzeihung", sagte der Mistkäfer und stellte sich hinter die Schleiereule. Und dort stand er, bis die Sonne hoch am Himmel stand.

Der Fuchs holte die Tiere einzeln in seinen Bau. Die Ameisen brauchten am längsten. Dann war die Schleiereule dran. Sie brauchte nur ein paar Augenblicke, dann kam sie mit blitzenden Augen zurück.

„Ich muss zum Flugamt!", krächzte sie. „Zum Flugamt! Da soll sich noch jemand auskennen!" Sie breitete ihre Flügel aus und schwang sich in die Luft.

Der Mistkäfer trat zum Fuchsbau. Hinter ihm stand bereits ein Wieselpärchen, das es eilig zu haben schien.

Der Fuchs steckte den Kopf aus dem Bau. „Wir schließen!", rief er.

Der Mistkäfer blieb stehen. „Sie können doch jetzt nicht schließen", sagte er. „Ich warte hier schon seit Stunden!"

Der Fuchs hielt die Nase in den Wind. „Das sind nun einmal unsere Öffnungzeiten", sagte er. „Ich habe bereits überzogen. Sie müssen morgen eben früher da sein."

Der Mistkäfer fühlte etwas in sich aufsteigen. Etwas Großes, Grimmiges. „Ich werde morgen nicht noch einmal in dieser Schlange warten!", sagte er laut. „Ich brauche nur einen Eintrag ins Grundbuch!"

Der Fuchs krauste seine spitze Schnauze. „Wie reden Sie denn mit mir?", fragte er ärgerlich. „Haben Sie überhaupt eine Grabegenehmigung?"

„NEIN, ICH HABE KEINE GENEHMIGUNG!!", brüllte der Mistkäfer. „Und ich möchte auch keine! Ich möchte nur einen neuen Bau für meine

Familie graben, bevor meine Kinder schlüpfen! Und zwar hinter den drei Birken am Fuß der alten Eiche!"

„Na na." Der Fuchs blinzelte. „Regen Sie sich nicht so auf ! Graben dürfen Sie auch ohne Grundbucheintrag. Allerdings nicht bei den drei Birken. Sie wissen doch hoffentlich, dass der Bereich dort ein Naturschutzgebiet ist?"

Der Mistkäfer holte tief Luft. „Nein", sagte er. „Das weiß ich nicht. Aber lassen Sie mich raten: Ich brauche einen Antrag, um dort zu graben?"

„Ganz und gar nicht", sagte der Fuchs. „Sie dürfen dort überhaupt nicht graben."

Der Mistkäfer sank in sich zusammen.

„Es sei denn", fuhr der Fuchs fort. „Sie haben eine abgestempelte Sonderbewilligung vom Bären, der die Waldnaturschutzbehörde vertritt. Haben Sie eine?"

Der Mistkäfer setzte an, um etwas zu sagen, aber dann überlegte er es sich anders. Er drehte sich um, ließ den Fuchs stehen und ging nach Hause zu seiner Frau.

„Schatz", sagte er, als er angekommen war, „wir können nicht umziehen."

„Aber wieso denn nicht?", rief die Mistkäferfrau. „Ich habe mich so auf ein extra Kinderzimmer gefreut!"

„Das weiß ich", sagte der Mistkäfer. „Aber ich werde verrückt, wenn wir umziehen. Es gibt zu viele Regeln und überall sagt man mir etwas anderes. Wenn ich noch einmal das Wort 'Antrag' höre, buddle ich mich ein und komme nicht mehr heraus, bis die Kinder auf der Welt sind."

Die Mistkäferfrau legte ihrem Mann einen Fühler auf den Schulterpanzer.

„Ach was", sagte sie. „So schlimm wird es schon nicht sein. Schlaf eine Nacht darüber."

Das tat der Mistkäfer und am nächsten Tag fühlte er sich tatsächlich besser. Er machte sich früh auf den Weg zum Bären.

Die Bärenhöhle lag am Waldrand neben einer Hecke. Vom Bären war weit und breit nichts zu sehen. Dafür lag die Bärin vor der Höhle. Neben ihr balgten sich zwei Bärenkinder.

„Entschuldigen Sie bitte", sagte der Mistkäfer. „Ich müsste dringend mit dem Bären sprechen."

Die Bärin schaute verdutzt auf den winzigen Käfer vor ihr. „Mein Mann ist auf einem Umweltkongress im Nachbarwald", erwiderte sie. „Vor nächster Woche wird er nicht zurück sein."

Der Mistkäfer stützte seinen Kopf in die Vorderzangen. Da gingen sie hin, seine schönen Pläne.

„Sind Sie vielleicht der neue Naturschutzbeauftragte?", fragte die Bärin hoffnungsvoll. „Das wurde aber auch Zeit!"

„Naturschutzbeauftragte?" Der Mistkäfer zögerte. „Also eigentlich -"

„Wunderbar!", rief die Bärin. „Dann sind Sie sicher wegen Ihrer Dienstwohnung hier!"

„Nun ja", setzte der Mistkäfer an. „Das ist mir jetzt wirklich peinlich", sagte die Bärin, „aber es gibt noch keine Dienstwohnung. Wir wussten ja nicht, wer geschickt wird. Bis jetzt haben wir nur den Baugrund reserviert. Aber der ist wirklich sehr schön!"

„Ich weiß wirklich nicht", begann der Mistkäfer, aber die Bärin unterbrach ihn.

„Schauen Sie ihn sich wenigstens einmal an! Das Areal 'Drei Birken' ist das schönste in der Gegend! Sie werden sehen, es ist auch gar nicht viel Arbeit."

Der Mistkäfer räusperte sich. „Also wenn

das so ist", sagte er, „kann ich es mir ja einmal ansehen."

„Großartig!", rief die Bärin. „Ich richte meinem Mann aus, dass Sie hier waren."

Und so kam es, dass der Mistkäfer zum Naturschutzbeauftragten wurde.

Auf dem Heimweg machte er einen großen Umweg um den Fuchsbau, den Eichhörnchenkobel und die Dachshöhle. Mit dem Graben des Kinderzimmers würde er bis morgen warten. Jetzt hatte er erst einmal eine Pause verdient.

Erich Weidinger

Zwei kleine Hasen und ein Monster

„Schnell! Duck dich! Da kommt etwas!"

Zwei junge Hasen pressen sich dicht auf den Boden, sie haben Angst. Ihre langen Ohren liegen eng am Körper, sie machen sich ganz klein, damit man sie nicht sieht. Gespannt suchen die Hasen mit ihren großen Augen die Gegend ab. Viel können sie nicht erkennen, das Gras steht zu hoch.

Aber sie hören etwas. Das eigenartige Knattern wird immer lauter. Es kommt von dem Feldweg, über den der kleine Hase Lepus und seine Schwester Lepori soeben gehoppelt sind. Das Geräusch ist ganz plötzlich da. Wie aus dem Nichts.

Da die beiden nicht wissen, woher dieses eigenartige Knattern kommt, ist es am sichersten, sich zwischen den Grashalmen zu verstecken.

„Bleib, wo du bist! Ich kann nicht erkennen, was das ist!", befiehlt Lepus.

Seine Schwester ist aus dem gleichen Wurf. So

nennt man die Geburt von mehreren Jungen in der Tierwelt.

Lepori liegt etwas näher am Wegrand. Sie kann besser sehen, was dort auf dem Feldweg steht. Ein weißes großes Etwas. Riesengroß. Es zittert fast genauso wie sie und ihr Bruder.

Das Etwas ist schrecklich laut. Lepori weiß natürlich nicht, dass die Menschen dieses Etwas Auto nennen und sich damit fortbewegen.

Leise flüstert sie: „Lepus! Das ist ein schnelles Tier. Du weißt schon, diese Tiere tauchen in verschiedenen Farben meist dort auf, wo kein Gras wächst.“

Der Bruder überlegt, ob es besser wäre, schnell in den nahen Wald zu hoppeln. Vielleicht hat dieses riesige weiße Tier sie noch gar nicht gesehen. Andererseits könnte es gefährlich werden, wenn das Riesentier die beiden Hasen entdecken und verfolgen würde.

„Lepus! Das Tier zittert genauso wie du! Meinst du, es hat auch Angst? Oder will es uns täuschen? Wartet es darauf, dass wir uns sehen lassen? Will es uns fressen?“

„Sprich nicht so viel. Beobachte und mach genau

das, was auch ich mache!"

Typisch Bruder! Er weiß noch nichts von der Welt und benimmt sich als ob er alles unter Kontrolle hätte.

Plötzlich nimmt Lepori ein kleine Bewegung wahr, direkt an der Spitze ihrer Nase. Lepori zuckt zusammen und starrt mit ihren dunklen Augen auf den Boden. Ein Regenwurm quält sich aus der Erde.

Das Hasenmädchen zischt ihm zu: „Bleib, wo du bist!"

„Wah ... Hast du mich erschreckt!"

Der halbe Wurm dreht sich kurz zu ihr.

Lepori spricht hastig weiter: „Kriech schnell zurück in deine Erde! Hier ist es gefährlich!"

Der Wurm zieht gemächlich sein Hinterteil aus dem Erdreich.

„Puh... Ich dachte schon, ein Vogel ist hier. Diese fliegenden Monster holen uns, da sind wir noch nicht einmal ganz im Freien!"

Der Wurm brummelt weiter vor sich hin. Er schlängelt sich zwischen den Grashalmen hindurch. Lepori bemerkt, dass der Wurm garnicht mit ihr gesprochen hat. Er tut so, als gäbe es sie gar nicht.

Das weiße Tier steht immer noch da und knattert laut.

Plötzlich ist ein leises Klicken zu hören. Ein Geräusch, das die beiden Hasen nicht kennen. Ihre Beine sind aufs Äußerste gespannt, bereit zum Sprung. Hasen können sehr weit springen. Nicht nur die Nase, sondern auch die kleinen Schwänzchen von Lepus und Lepori zittern aufgeregt. Diese Fellbäuschchen werden Blume genannt.

Lepus hört dieses eigenartige Klicken und im gleichen Moment berührt auch der kriechende Regenwurm unabsichtlich seine Blume.

Das ist zu viel für den kleinen Hasen. Blitz-schnell stellt er seine Ohren auf und springt in die Höhe!

„Lauf ! Schnell in den Wald!", und schon ist er weg. Gefolgt von seiner Schwester.

Beide Hasen jagen über die Wiese, springen über Wurzeln und am Boden liegende Äste und sind kurz darauf im dunklen Dickicht des Waldes verschwunden. Nicht weit entfernt unter ihrem Lieblingsbaum treffen sie sich wieder. Lepus stürmt als Erster auf den geschützten Platz.

„Wahnsinn! Fast hätte mich dieses Monstertier erwischt. Ich habe gespürt, wie es mich berührt hat! Du kannst von Glück reden, dass ich uns gerettet habe. Ein paar Augenblicke später und es wäre aus mit uns gewesen. Das Maul war so riesig, es hätte uns beide auf einmal gefressen!"

Stolz trommelt er mit seinen Hinterfüßen auf den Boden.

Lepori hält sich zurück. Sie verrät ihm nicht, dass das Monster, das ihn berührt hatte, nur ein dummer Regenwurm war. Sie stellt sich vor, wie der Regenwurm aussehen würde, wenn er ihren Bruder verschlungen hätte – wie ein gigantischer Monsterregenwurm. Dabei lächelt sie still vor sich hin.

Und noch jemand lächelt vor sich hin. Der Mensch, der in seinem weißen Auto auf dem Feldweg stand, freut sich ebenfalls. Mit einem einzigen Klick ist ihm ein tolles Foto von zwei kleinen Hasen gelungen, die sich am Wegrand im Gras versteckt hatten. Er fährt zufrieden nach Hause. Stolz wird er seiner Familie heute Abend von der überraschenden Begegnung mit den beiden Hasen erzählen und seinen Kindern die Fotos zeigen, die er geschossen hat. Eines dieser Fotos ist ganz unscharf und verwackelt. Man kann nur noch zwei kleine weiße Fellbäuschchen von hinten erkennen.

Norbert Landa

Der Junge, der auf dem Delfin ritt

Marius wohnte bei seinen Eltern in einer Fischerhütte weit weg vom Dorf, auf der anderen Seite der Bucht. Um zu Fuß in die Schule zu kommen, musste er eine Stunde lang gehen.

Das war ihm meistens zu lang. Lieber schwänzte er die Schule und ging stattdessen schwimmen.

Eines Tages berührte er beim Schwimmen mit dem Fuß eine giftige Qualle. Innerhalb weniger Sekunden war das Bein wie gelähmt. Es tat furchtbar weh und Marius konnte sich nur mit Mühe über Wasser halten.

Verzweifelt versuchte er zum Ufer zu schwimmen.

Marius war ein sehr guter Schwimmer, der gerne weit hinausschwamm. Aber jetzt hatte er starke Schmerzen im Bein. Zum ersten Mal, seitdem sich Marius erinnern konnte, hatte er Angst im Meer.

Die Wellen schwappten ihm ins Gesicht, er

schluckte salziges Meerwasser und musste husten.

Seine Kräfte ließen nach. Lange würde er nicht mehr schwimmen können.

Ob er es zum Ufer schaffte?

Plötzlich spürte er einen festen, glatten Körper unter sich. Marius erschrak.

Es war ein Delfin.

Seine Eltern und die anderen Fischer im Dorf töteten diese Tiere, wo immer sie konnten. Denn die Delfine, sagten sie, fräßen ihnen die Fische weg.

Marius fürchtete sich vor dem starken großen Tier.

Aber der Delfin war sanft und freundlich. Er stupste den müden und verängstigten Jungen aufmunternd an.

Er will mit mir spielen, bevor er mich frisst, dachte Marius. Aber ich werde um mein Leben kämpfen.

Er packte den Delfin an der Rückenflosse ...
Da geschah das Wunderbare.

Der Delfin tauchte nicht weg, sondern schwamm langsam zum Ufer.

Marius hielt sich einfach nur fest und ließ sich durch das Wasser tragen. Kurze Zeit später hatte er wieder festen Boden unter den Füßen.

Vom Strand aus war es zum Glück nicht weit zur Straße, wo ein Fischer aus dem Dorf Marius auflas und ihn nach Hause brachte.

Als er seinen Eltern die Geschichte erzählte, schimpften sie. Erst hatte er die Schule geschwänzt, sich dann beim Schwimmen in Gefahr gebracht und jetzt erzählte er auch noch Lügen!

Marius wollte seinen Retter unbedingt wiedersehen.

Sobald er wieder richtig laufen konnte, lief er im Morgengrauen zum Strand. Er hatte einen kleinen Korb voll mit Fischen mitgenommen.

Schon von weitem sah er den Delfin in der Bucht schwimmen und aus dem Wasser springen. Marius watete ins Wasser und warf ihm Fische zu.

Der Delfin war ganz zutraulich und schien sich zu freuen, Marius zu sehen. Aber Marius musste bald gehen, wenn er nicht zu spät zur Schule kommen wollte.

Von da an besuchte Marius jeden Morgen seinen Freund auf dem Weg zur Schule.

Der Junge und der Delfin schlossen Freundschaft und bald durfte Marius auf dem starken freundlichen Delfin sogar reiten.

Eines Tages, auf dem Heimweg von der Schule, hatte er eine Idee. Um zu beweisen, dass er nicht gelogen hatte, wollte er einfach auf dem Delfin zur Schule reiten.

Gedacht – getan.

Am nächsten Morgen ging Marius nicht zu Fuß zur Schule, sondern ritt auf seinem Freund, dem Delfin.

Das gab natürlich einen großen Menschenauflauf, als Marius aus dem Wasser stieg.

Seine Mitschüler beneideten ihn glühend um seinen Delfinfreund. Jeder wollte mit dem Delfin spielen und der ließ sich das auch gerne gefallen. Aber auf seinem Rücken reiten, das durfte nur Marius.

Nun konnte keiner mehr daran zweifeln, dass der Delfin Marius vor dem Ertrinken gerettet hatte.

Marius' Eltern – und auch die anderen Fischer im Dorf – sind jetzt viel freundlicher zu den Delfinen. Und wenn sich ein Delfin im Fischernetz verfängt, lassen sie ihn sofort wieder frei.

Friedl Hofbauer

Das ganz sanfte Pferd Nelly

Die Oma wohnt in der Stadt in einer Wohnung
im zweiten Stock.

Dort gibt es alte Spiegel mit vergoldeten
Kerzenleuchtern davor und schöne alte
Polstersessel. In einem Kasten mit Glasscheiben
stehen mit Blumen bemalte alte Tassen und Kaffee-
kannen. Auf dem Fußboden liegen dicke bunte Teppiche voller Blumen, Wolken und Elefanten.

Die Oma hat vier Enkelkinder, zwei Buben und
zwei Mädchen.

Ein Bub geht schon in die Schule.

Ein Mädchen ist grad auf die Welt gekommen.

Die Oma ist eine noch sehr junge Großmutter.
Sie hat ein Reitpferd und reitet gern über Land.

Die Oma heißt Helga. Das Pferd heißt Nelly.

Ein solches Pferd gibt es nicht noch einmal
auf der Welt.

Es ist ganz sanft und hat schöne Augen. Es
hat ein goldbraunes Fell und seine Mähne ist

hell. Wenn es aus Porzellan und kleiner wäre, könnte man es in den Glaskasten stellen.

„Das wär doch toll", sagt Valentin. „Du musst es nur abrichten. Dann tanzt es zwischen den Tassen herum wie ein Zirkuspferd."

„Nein", sagt Johanna. Ihre Nase reicht noch nicht zur Tischplatte, aber sie ist schon oft auf dem Pferd gesessen. „Das ist Tierquälerei", sagt sie. „Und außerdem frisst ein Pferd in der Wohnung die Teppiche. Weil es glaubt, das ist eine Wiese."

Jakob sagt gar nichts. Der hat nur den Finger im Mund.

„Leider geht die Nelly nicht in den Aufzug, weil sie zu dick ist", sagt die Oma. „Und zum Stiegensteigen ist sie zu faul." Deshalb kann das Pferd also nicht in der Wohnung wohnen.

Die Oma hat es bei einem Bauern am Stadtrand eingestellt. Und sooft sie Zeit hat, fährt sie zur Nelly hinaus, und manchmal dürfen die Kinder mit.

Einmal sind sie übers Wochenende alle draußen.

Auch die kleine Julia im Kinderkorb. Die kann noch nicht reiten und schläft fast den ganzen Tag.

Manchmal nimmt die Oma sie auf den Arm und sagt: „Schau, Julia, das ist die Nelly. Schau, Nelly, das ist die Julia."

Julia blinzelt und schläft wieder ein.

Nelly aber kommt über die Koppel getrabt und schnuppert vorsichtig an Julia.

An einem Wochenende sind die Eltern mitgekommen und haben mit den Kindern einen Ausflug gemacht. Die Oma ist froh, dass sie das Pferd einmal für sich allein hat.

Sie öffnet das Gatter, geht in die Koppel und steigt auf. Dann reitet sie den Wiesenweg hinauf und durch den Wald.

Als sie zurückkommt, weiden auf der Koppel zwei fremde schwarze Pferde.

Nelly bleibt stehen und beutelt den Kopf. Sie schüttelt die Mähne so heftig, dass die Oma fast vom Pferd fällt.

„Pfui, Nelly", sagt die Oma. „Das sind doch unsere Gäste. Der Bauer hat sie auf der Koppel eingestellt. Nur für eine Nacht, Nelly! Ihre

Reiter wollen sich heute Abend in der Burg ein Konzert anhören, da bleiben die zwei Pferde über Nacht auf deiner Koppel. Weil im Stall zu wenig Platz ist. Das verstehst du doch?"

Aber Nelly schüttelt den Kopf.

Sie schüttelt die Oma vom Rücken.

Die Oma reibt sich das Knie. Sie kann gut reiten. Nelly hat sie noch nie abgeworfen.

Nelly ist das sanfteste Pferd der Welt. Bis jetzt.

Das Knie tut ziemlich weh.

„Du bist blöd, Nelly", sagt die Oma. „Benimm dich anständig."

Aber Nelly benimmt sich wie ein frisch einge-fangenes Wildpferd aus einem Cowboyfilm. Sie springt in der Koppel herum wie verrückt gewor-den.

Sie jagt die zwei fremden Pferde über die ganze Wiese. Die rennen, aber über den Zaun springen sie nicht, der ist zu hoch.

Nelly wiehert, und die Augen fallen ihr fast aus dem Kopf, so zornig ist sie, dass noch andere Pferde auf ihrer Koppel sind. Das ist ihre Koppel, diese Wiese gehört ihr!

Nelly fängt an zu beißen.

Jetzt wiehern alle drei laut. Gleich werden sie kämpfen!

Die Oma rennt. Sie sucht den Bauern. Er muss ihr helfen.

Der Bauer hat schon gehört, was los ist. Er kommt ihr entgegen.

„Die Nelly bleibt mir heute Nacht nicht auf der Koppel", sagt er. „Die muss in den Stall. Ich hätte ja die zwei Schwarzen in den Stall gestellt, aber dort ist nur Platz für ein Pferd."

Nelly muss also in den Stall.

Sie sträubt sich und tobt.

Sie schlägt mit den Hufen und wiehert wild, aber ihre Hufe treffen weder den Bauern noch die Oma. Nelly weiß, was sich gehört. Sie ist nur wütend, dass zwei fremde Pferde auf ihrer Koppel weiden.

Die Oma und der Bauer binden Nelly im Stall an eine Planke in der Box.

Das Pferd zerrt und tobt, bis die Planke bricht.

Nelly entkommt aus dem Stall und rast, ein Stück Planke am Strick mitschleppend, auf die Koppel zu.

Sie wird noch einmal eingefangen und doppelt an einen dicken Pfosten gebunden.

Die Oma steigt in ihr Auto und fährt den Eltern und Kindern entgegen. Sie muss ihnen sofort erzählen, dass Nelly verrückt geworden ist.

„Sie ist eifersüchtig", sagt der Vater.

Die Kinder wollen sich die eifersüchtige Nelly ansehen, aber das dürfen sie nicht. Das Pferd tobt noch immer, wer weiß, was es anstellt.

In der Früh steht die Oma zeitig auf und sieht, dass die beiden schwarzen Pferde schon fort sind. Ihre Reiter haben sie geholt.

Alles ist still. Zu still.

Im Stall ist Nelly nicht.

Die Oma geht zur Koppel hinüber.

Da ist keine Nelly.

Das hohe Gras weht. Nelly ist fort.

Ausgerissen.

Die Oma klettert in die Koppel hinein. Und da sieht sie Nelly.

Sie liegt im tiefen Gras. Sie liegt da wie ein Hund, auf der Seite, die Beine von sich gestreckt.

Die Oma hat noch nie ein Pferd so liegen gesehen. Sie erschrickt furchtbar. Das Pferd muss krank sein!

Sie läuft näher. Und erschrickt noch mehr:

Denn da sitzen die Kinder. Die drei größeren. Sie sitzen zwischen den Hufen der Nelly. Das Pferd liegt gemütlich im Gras und blinzelt.

„Die arme Nelly hat sich so aufgeregt", sagt Valentin. „Sie mag keine anderen Pferde auf ihrer Wiese, gelt, Nelly."

Nelly blinzelt.

Johanna setzt ihren Teddybären auf den Bauch von Nelly. „Der will jetzt auch reiten", sagt sie. Ihre Puppen reiten schon auf dem Pferdehals. „Sie mag keine Pferde auf ihrer Wiese. Sie mag nur uns."

Jakob nimmt den Finger aus dem Mund, boxt Nelly in den Bauch und sagt: „Steh auf, ich will reiten!"

Im Haus plärrt die kleine Julia. Sie hat Hunger. Die Welt ist wieder in Ordnung.

Nelly steht vorsichtig auf und ist wieder das sanfteste und liebste Pferd der Welt.

Saskia Hula

Der netteste Hund der Welt

Theos Eltern wünschen sich einen Hund.

„Habt ihr euch das auch gut überlegt?", fragt Theo. „Einen Hund hat man viele Jahre!"

„Ja, ja", sagt der Papa. „Das weiß ich längst. Ich hatte schon einen Hund, da warst du noch nicht einmal auf der Welt!"

„Mit einem Hund muss man jeden Tag spazieren gehen!", sagt Theo. „Auch bei Regen!"

„Weiß ich auch", sagt der Papa. „Da komme ich wenigstens an die frische Luft!"

„Und in den Urlaub kann man den Hund auch nicht so einfach mitnehmen", sagt Theo. „Jedenfalls nicht im Flugzeug."

„Wir fliegen sowieso nie mit dem Flugzeug auf Urlaub!", sagt die Mama. „Und auf den Bauernhof können wir ihn sehr wohl mitnehmen."

„Wenn wir überhaupt noch auf Urlaub fahren können", sagt Theo. „Ein Hund kostet nämlich sehr viel Geld. Er braucht Futter und eine Leine und man muss mit ihm dauernd zum Tierarzt gehen ..."

„Das kriegen wir schon hin!", ruft der Papa. „Außerdem ist es eine gute Tat, einen Hund aus dem Tierheim zu holen, bevor er eingeschläfert wird, weil ihn keiner will."

Darauf kann Theo natürlich nicht mehr viel sagen. Gute Taten sind wichtig.

„Er darf aber nicht bissig sein", sagt Theo. „Und nicht zu groß und nicht zu klein."

„In Ordnung", sagt der Papa. „Können wir jetzt endlich losfahren?"

„Nur wenn Fabio mitkommen darf", sagt Theo, denn erstens ist Fabio Theos bester Freund und zweitens wünscht sich Fabio schon seit langem einen Hund. Und kriegt natürlich nie einen. Da soll er wenigstens Theos Hund mit aussuchen dürfen.

Im Tierheim bellt es von allen Seiten.
Theo weiß gar nicht, wohin er zuerst schauen soll.

Manche Hunde bellen tief und grollend: Wohou, wohou, wohou.

Manche Hunde bellen hoch und schrill: Häff, häff, häff.

Manche Hunde bellen und wedeln dabei mit dem Schwanz: Hauhau, Hauhau, Hauhau.

Manche Hunde bellen, knurren und fletschen die Zähne: Rarau, rarau, rarau.

„Am besten nehmen wir einen, der nicht knurrt", sagt der Papa.

„Am besten einen, der wedelt", sagt Fabio.

„Am besten einen mit einer leisen Stimme", sagt die Mama.

„Ja, gut", sagt Theo, denn all das macht die Auswahl leichter. Und die ist sowieso schon schwer genug!

Soll der Hund lange Haare haben oder kurze?

Stehohren oder Hängeohren?

Eine schmale Schnauze oder eine breite?

Soll er dunkelbraun sein, hellbraun, mittelbraun, schwarz, weiß oder grau? Alt oder jung? Dick oder dünn? Ernst oder lustig?

„Wir könnten eine Liste machen", schlägt Theo vor, weil Listen häufig helfen.

Aber in diesem Fall hilft nicht einmal eine Liste. Weil nämlich jeder etwas anderes will.

„Stehohren", sagt der Papa.

„Hängeohren", sagt Theo.

„Kurze Haare", sagt die Mama.

„Lange Haare", sagt Fabio.

„Dunkelbraun", sagt der Papa.

„Hellbraun", sagt die Mama.

„Grün mit rosa Punkten", sagt Fabio.

Die Mama lacht. „Eigentlich ist es ganz egal, wie der Hund aussieht. Wir müssen ihn mögen, das ist alles."

„Und er uns", sagt Theo. „Das ist auch wichtig."

„Dann", sagt der Papa, „schlage ich vor, dass wir uns trennen. Jeder schaut sich alle Hunde an und überlegt, welchen er am nettesten findet. Und dann treffen wir uns wieder."

Genauso machen sie es. Der Papa geht nach rechts. Die Mama geht nach links. Fabio geht geradeaus.

Nur Theo bleibt einfach stehen, weil keine Richtung mehr übrig ist.

Der Hund im Zwinger neben ihm ist mittelgroß, bellt und wedelt mit dem Schwanz.

Er ist nicht richtig weiß und nicht richtig braun, sondern weiß-braun gefleckt.

Er hat keine langen Haare und keine kurzen, sondern ein Wuschelfell.

Er hat keine Stehohren und keine Hängeohren, sondern kippelige dreieckige Ohren, die bei jeder Bewegung auf- und zuklappen.

Er bellt und wedelt und schaut Theo aus seinen schwarzen Augen erwartungsvoll an.

Nimm mich mit!, sagen seine Augen.

Oder: Wirf mir ein Stöckchen!

Vielleicht auch: Hast du zufällig ein Hundekeks?

„Sei doch mal ruhig", sagt Theo zum Hund. „Ich kann sonst nicht nachdenken."

Der Hund hört auf zu bellen.

„Und halt still", sagt Theo. „Damit ich dich besser anschauen kann."

Der Hund setzt sich hin und legt den Kopf schief.

Und jetzt?, heißt der schiefe Kopf. Was jetzt?

„Nett siehst du ja aus", sagt Theo. „Aber du musst auch brav sein. Nicht zu viel bellen und keine Sachen kaputt machen."

Wau, macht der Hund. Es klingt nach: Kein Problem. Noch etwas?

„Außerdem darfst du keine Leute beißen, die auf Besuch kommen."

Der Hund legt sich hin und vergräbt seine Schnauze zwischen den Pfoten.

Seh ich so aus, als würde ich Besucher beißen?, sagt sein Blick.

„Außerdem sollst du folgen, das Haus bewachen und uns beschützen, wenn ein Einbrecher kommt."

Der Hund reißt das Maul auf und gähnt lang und ausführlich.

Bist du fertig?, sagt das Gähnen. Glaubst du, ich weiß nicht, was Hunde so den ganzen Tag über machen?

„Und es wäre schön, wenn du ein paar Kunststücke könntest", sagt Theo.

Der Hund setzt sich auf und wedelt. Sein Schwanz klopft auf den Boden.

Da bin ich dabei, klopft er. Kunststücke machen Spaß!

„Das wär's", sagt Theo. „Mehr fällt mir nicht ein."

„Wau", macht der Hund, hebt die Pfote und legt sie ans Gitter.

Abgemacht?, heißt das.

„Abgemacht", sagt Theo.

In diesem Augenblick kommen Mama und Papa um die Ecke.

„Ist das schwierig!", stöhnt der Papa. „Die sehen alle so nett aus!"

Die Mama schüttelt den Kopf. „Aber ob da auch wirklich der richtige Hund für uns dabei ist? Nicht, dass wir den falschen mit nach Hause nehmen! Einen, der dauernd bellt? Oder nicht folgt? Oder nicht allein bleiben kann?"

„Vielleicht sollten wir noch in ein anderes Tierheim fahren", schlägt der Papa vor. „Damit wir uns ganz sicher sind."

Da kommt Fabio angerannt. „Ich weiß jetzt, was wir machen!", schnauft er. „Wir nehmen einfach den allerhässlichsten Hund!"

„Den allerhässlichsten?", ruft die Mama.
„Warum denn das?"

„Wegen der guten Tat natürlich", sagt Fabio. „Die hübschen Hunde finden sicher jemanden, der sie will. Aber der hässlichste, der hat keine Chance!"
„Aha", sagt der Papa vorsichtig. „Und welcher ist der hässlichste?"
Fabio zuckt mit den Schultern. „Keine Ahnung", sagt er. „So richtig hässlich ist da eigentlich keiner. Die sehen alle ganz nett aus."

In diesem Augenblick stupft etwas gegen Theos Bein.

Jetzt sag doch was!, heißt das Stupfen. Wir hatten eine Abmachung, schon vergessen?

„Ich finde, wir sollten den hier nehmen", sagt Theo und zeigt auf den Hund hinter ihm.

„Den hier?"

Mama und Papa machen große Augen.

„Und warum ausgerechnet den?", fragt Fabio.

„Er ist nett", sagt Theo. „Und er möchte gern mit uns mitkommen."

Mama, Papa und Fabio schauen den gefleckten Hund mit den kippeligen Ohren an.

Der Hund wedelt mit dem Schwanz.

„Naja", sagt der Papa schließlich. „Nett sieht er ja aus. Und wenn er wirklich möchte …"
„Besonders hässlich ist er leider nicht", sagt Fabio.

„Das macht gar nichts", sagt die Mama schnell. „Er sieht auch nicht so aus, als würde ihn dauernd jemand mit nach Hause nehmen wollen. Insofern ist es vielleicht nicht die beste Tat der Welt, wenn wir ihn mitnehmen. Aber eine gute Tat wäre es trotzdem. Oder?"

Sie stößt dem Papa den Ellbogen in die Seite.

„Auf jeden Fall", sagt der Papa.

Und so kommt es, dass sie den weißen Hund mit den braunen Flecken und den kippeligen Ohren mit nach Hause nehmen. Jetzt braucht er nur noch einen Namen.

„Flecki", sagt der Papa.

„Balu", sagt die Mama.

„Gängsta", sagt Fabio.

„Kipp", sagt Theo.

„Wuff", sagt der Hund.

Und er muss es schließlich wissen.

Jutta Treiber

Das Reh auf Besuch

Es ist schon dunkel, als wir von der Oma nach Hause fahren. Mama sitzt am Steuer. Papa ist vermutlich schon eingeschlafen. Plötzlich tritt Mama wie verrückt auf die Bremse.

Jetzt erst bemerke ich die blinkenden Warnlichter vor uns. Mama bleibt stehen, steigt aus und fragt den Lenker des Wagens, ob sie helfen kann.

Die Windschutzscheibe seines Autos ist zersplittert, die Motorhaube eingedrückt. Der Mann schaut ziemlich verstört aus. Ein Reh ist ihm ins Auto gelaufen. Es liegt tot vor dem Wagen.

Ich habe noch nie ein totes Reh gesehen. Ich wische mir über die Augen.

Plötzlich hören wir ein leises Wimmern. Im Straßengraben liegt ein Rehkitz. Es blutet, aber es lebt. Mama holt eine Decke aus dem Auto und wickelt das Kitz darin ein.

Papa setzt sich ans Steuer, der Mann dane-

ben, Mama zu mir nach hinten. Das Rehkitz hält
sie im Arm wie ein Baby.

Papa begleitet den Mann zur Polizei. „Alles
in Ordnung", sagt er, als er zurückkommt. „Die
Sache läuft nun ohne uns. Das einzige Problem
ist das Kitz."

„Wir müssen es mit nach Hause nehmen!",
sagt Mama. „Allein kann es nicht überleben."
„Hast du eine Ahnung, wie man ein Reh aufzieht?",
fragt Papa.

„Nein", sagt Mama. „Aber viel schwieriger als
ein Kind aufzuziehen, kann es auch nicht sein."

Wir fahren noch beim Tierarzt vorbei. Der ist
zunächst ein wenig mürrisch, weil wir so spät
daherkommen, aber als er das Kitz sieht, wird
er ganz freundlich. Er wäscht die Wunde aus
und verbindet das Bein.

Zu Hause wärmt Mama etwas Milch und gibt
dem Kitz zu trinken. Sie hat noch meine alte
Babyflasche aufgehoben gehabt.

Das Kitz kommt über Nacht in den Hunde-
korb. Unser Pudel Bonni muss auf einer Decke
im Vorraum schlafen. Er knurrt zunächst, aber
dann findet er sich mit der Situation ab.

Es ist eine Freude zu sehen, wie schnell sich das Kitz erholt. Die Wunde verheilt bald, das Kitz trinkt aus der Babyflasche und wird immer größer und munterer. Es fühlt sich wohl bei uns. Es hat Mama als Ersatzmutter akzeptiert.

Wir haben ihm den Namen „Milky" gegeben. Weil es mit der Milchflasche aufgezogen wird. Als ich gefragt habe, welchen Namen wir dem Kitz geben sollen, hat Mama gesagt: „Jeden außer Bambi." Dabei hätte mir gerade Bambi so gut gefallen.

Im Frühling macht Papa ein kleines Freigehege für das Kitz. Unser Haus steht ziemlich nahe am Waldrand, nur durch eine große Wiese vom Wald getrennt.

Bonni, der Pudel, ist anfangs misstrauisch gewesen. Ein komischer Hund!, hat er sich vielleicht gedacht. Aber inzwischen hat er das Reh als Hund akzeptiert.

Es ist witzig, die beiden zu beobachten, wenn sie miteinander spielen. Mama hat zuerst Angst gehabt, ob das auch gut gehen wird, aber jetzt macht sie sich keine Sorgen mehr. Pudel und Reh wachsen miteinander auf wie Geschwister.

Ich habe eigentlich nie daran gedacht, dass das Reh eines Tages weggehen würde. Vielleicht wäre es auch von selber nie weggegangen. Aber zu Beginn des Sommers sagt Papa:

„Wir müssen das Reh jetzt freilassen. Es war nur zu Besuch bei uns. Es ist ein Wildtier, es gehört in den Wald. Aus einem Besucher darf man keinen Gefangenen machen."

Ich schaue Mama an und hoffe, dass sie heftig protestieren wird. Aber sie sagt nur: „Papa hat recht. Ausnahmsweise."

Papa öffnet die Tür des Freigeheges. Das Reh spaziert langsam durch. Dann bleibt es stehen und schaut uns an, als ob es fragte, was das alles zu bedeuten habe.

„Lauf!", sagt Mama aufmunternd.

Das Reh macht ein paar zögernde Schritte, dreht sich noch einmal um, dann geht es weiter und verschwindet schließlich im Wald.

Ich heule, Mama weint, Papa knurrt und der Pudel kläfft. Es ist kein harmonisches Quartett. Wir brauchen lange, bis wir uns an das Leben ohne Reh gewöhnen. Erst nach Wochen räumt Mama die Babyflasche weg.

Der Pudel fragt sich wahrscheinlich, wenn er einsam vor sich hinkläfft, wo denn der Rehhund geblieben ist. Und ich denke mir oft, ob es das Reh bei uns nicht besser gehabt hätte als im Wald. Wer weiß, was für Gefahren dort lauern. Vielleicht ist es schon tot. Ich mag gar nicht daran denken.

Wieder ist es Sommer geworden. Ein Jahr ist vergangen, seit wir Milky freigelassen haben.

Mama, Papa und ich sitzen im Garten und essen Nachtmahl.

Auf einmal zeigt Papa in Richtung Wald. „Schaut!", sagt er.

Zwei Rehe sind aus dem Wald getreten. Eine Mutter mit ihrem Kitz. Ruhig gehen sie über die Wiese. Geradewegs auf unser Haus zu.

„Elisabeth", sagt Papa zu Mama, „ich glaube, unser Reh kommt auf Besuch."

Mama läuft schnell in die Küche und kommt mit Brot und Äpfeln zurück.

Als der Pudel die Rehe erblickt, fängt er freudig zu kläffen an. Doch nach einer Weile ist auch er ganz still.

Wir stehen am Zaun und rühren uns nicht. Wir schauen nur stumm auf die beiden Tiere. Die Rehmutter geht voraus, das Kitz folgt ihr vertrauensvoll. Am Zaun bleiben sie stehen. Eine Weile stehen wir alle wie gebannt.

Unser Reh! Es muss unser Reh sein! Ein anderes würde nicht so nah an den Zaun kommen.

So groß ist Milky geworden. Und nun hat sie sogar schon ein eigenes Kind. Vielleicht hat sie zu dem Kitz gesagt: Ich zeige dir, wo ich aufgewachsen bin. Ich zeige dir meine Mutter.

Mama hält der Rehmutter einen Apfel hin. Das Reh frisst ihr den Apfel aus der Hand. „Jetzt bin ich sozusagen Großmutter geworden", sagt Mama. „Ich finde es lieb von dir, Milky, dass du uns besuchen kommst und mir mein Enkelkitz vorstellst."

Nachdem Milky Äpfel und Brot gegessen hat, steht sie noch eine Weile da. Dann dreht sie sich langsam um und geht ruhig über die Wiese zurück. Das Kitz dicht neben ihr. Schließlich verschwinden die beiden im Wald. Wir haben sie nie mehr wieder gesehen.

Mira Lobe

Das achte Ei

Der Hof liegt im hellen Sonnenschein. Es ist warm – ein schöner Sommertag. Mirko geht an der Scheune vorbei zum Hühnerstall. Er will nachschauen, wie weit die braune Henne mit dem Brüten ist. Langsam wird es Zeit, findet Mirko. Die braune Henne sitzt schon ewig auf ihren acht Eiern.

Gestern hat er die Oma gefragt, wann die Küken denn endlich ausschlüpfen.

„Bald!", hat die Oma gesagt. „Morgen oder übermorgen."

Und wenn die Oma das sagt, dann stimmt es.

Mirko kommt in den dämmerigen Stall und wäre beinahe gestolpert. Die braune Henne spaziert ihm entgegen, und eine Schar von gelben Küken wuselt um sie herum – dem Mirko zwischen die Füße. Flauschige Federbällchen mit winzigen Flügeln.

So eine Überraschung!

„Seid ihr alle da?", fragt Mirko und muss lachen, weil er doch der Mirko ist und nicht der Kasperl.

Dann fängt er an zu zählen. Er kommt bis sechs – bis sieben – und muss von vorne anfangen. Die gelben Küken wimmeln durcheinander. Mirko kann es gar nicht fassen, dass ebenerst-auf-die-Welt-gekommene Federbällchen auf dünnen Beinchen schon so flink und keck umhertrippeln.

„Könnt ihr nicht einen Augenblick still halten, bitte?", fragt er.

Nein, das können sie offenbar nicht. Mirko zählt und kommt wieder nur bis sieben.

Das kann doch nicht sein, denkt er. Es waren acht Eier, das weiß ich genau. Die Oma und ich haben sie gezählt.

Mirko geht zum Nest, in dem die braune Henne gebrütet hat. Und dort liegt es, das achte Ei. Ganz verlassen liegt es da und kann einem leidtun. Mirko hält es ans Ohr, aber es rührt sich nichts darin. Das Ei fühlt sich lau an, und Mirko wölbt schützend die zweite Hand über die erste und haucht sacht seinen warmen Atem dazwischen. Der frosterstarrte Schmetterling im Frühling fällt ihm ein: Den hatte er damals auch so mit seinen Händen umhüllt und ins Leben zurückgehaucht.

Mirko läuft ins Haus. Die Oma steht am Herd und kocht Marmelade ein.

„Oma! Die Küken sind da! Sieben Stück. Das achte hat die Henne vergessen. Da, schau!"

„Ein angebrütetes Ei", sagt die Oma. „Dagegen kann man nichts machen."

„Gar nichts?", fragt Mirko flehentlich. „Kannst du es nicht fertig brüten?"

„Ich? Nein. Ich muss Marmelade kochen und hab keine Zeit."

Aber ich!, denkt Mirko. Ich habe Zeit. Ich muss das Ei warm halten, so warm wie die Henne mit ihren Federn. Ich muss...

„Wart, Oma!", ruft er. „Ich bin gleich wieder da!"

Mirko rennt in sein Zimmer, zerrt den dicksten Pullover aus der Kommode, den mit dem Rollkragen, und zieht ihn an. Er nimmt einen roten Wollfäustling mit und den langen bunten Ringelschal.

In der Küche lässt er sich von der Oma ein

sauberes Tüchlein geben, wickelt das Ei hinein, steckt es in den Fäustling, und den Fäustling schiebt er unter den Pullover. Er hält ihn fest, während ihm die Oma den Schal um den Bauch knotet, damit das Ei nicht rutschen kann.

„So. Und jetzt brüte ich!"

Mirko geht vors Haus und setzt sich auf die Bank unter dem offenen Küchenfenster. Hinter ihm hantiert die Oma am Herd und rührt in dem riesigen Marmeladetopf.

„Wie geht es dir, Mirko?"

„Mir ist warm. Ich hab Durst."

Die Oma bringt ihm ein Glas Limonade. Sie bringt auch ihren großen Strohhut gegen die Sonne.

„Glaubst du, dass es gelingt?", fragt Mirko.

„Es wäre ein Wunder...", sagt die Oma. „Mach dir bloß keine zu großen Hoffnungen."

„Aber eine kleine Hoffnung, Oma? Eine ganz kleine? Eine Wuzi- Winzi-Hoffnung?"

Mirko sitzt in der Sonne, brütet und schwitzt. Sein Herz klopft von der Hitze, schneller und lauter als sonst. Die braune Henne kommt mit ihren sieben Küken durch den Hof, gackert und gluckt, trägt den Kopf hoch und stolziert an Mirkos Bank vorbei.

„Bild dir nur ja nichts ein!", sagt Mirko zu der Henne. „Du denkst wohl, du bist eine gute Mutter? Bist du aber nicht. Wie kannst du denn einfach das Ei liegen lassen und dich nicht darum kümmern, was daraus wird? Jetzt muss ich hier sitzen und deine Arbeit tun ..."

Die Oma kommt zum Fenster. „Lass die Henne in Ruh, Mirko, und hör auf zu schimpfen. Acht Eier waren im Nest, sieben Küken sind geschlüpft. Was sollte die Henne denn machen? Die sieben allein hinausgehen lassen in den gefährlichen Hof mit Hund und Katze?"

„Warum hat die Henne den anderen nicht gesagt, dass sie warten sollen, bis das achte auch da ist?", fragt Mirko.

„Das hat sie bestimmt getan!", versicherte die Oma. 'Seid doch nicht so ungeduldig'", hat sie gesagt. 'Wartet auf mein letztes Ei, dann gehen wir alle zusammen!' Aber die sieben Küken wollten nicht hören. Du hörst ja auch nicht immer, wenn die Mama dir was sagt. Oder?"

Darauf weiß Mirko keine Antwort. Es ist

ihm sehr recht, dass in diesem Augenblick sein Freund Peter auftaucht.

„Servus, Mirko!", ruft der schon von weitem. „Kommst du mit zum Bach ein Wasserrad bauen?"

Nichts in der Welt würde Mirko mehr freuen, als mit Peter am Bach ein Wasserrad zu bauen. Stumm schüttelt er den Kopf.

„Warum nicht?", fragt Peter. „Ich hab gedacht, du bist mein Freund."

„Bin ich auch. Aber es geht nicht."

„Wieso nicht? Was ist los mit dir?"

Peter betrachtet den verschwitzten Mirko, wie er mit dem Strohhut und dem dicken Pullover steif auf der sonnigen Bank sitzt. Unter dem Pullover hat er eine dicke Beule.

„Du bist ja ganz heiß und rot im Gesicht", sagt Peter. „Und was ist das?" Er zeigt auf die Beule. Mirko sagt, dass dort ein Wollfäustling drin ist. Und in dem Fäustling ist ein Tüchlein. Und in dem Tüchlein ist ein Ei. Und in dem Ei ist ein Küken. Jawohl. Und das Küken, das brütet er gerade aus.

Peter kichert und tippt sich an die Stirn. „Du

spinnst, Mirko! Du glaubst doch nicht wirklich, dass dabei was herauskommt…“

„O doch! Ein Küken kommt heraus.“ Und weil Peter sein Freund ist, erzählt Mirko ihm die traurige Geschichte vom einsamen achten Ei.

Peter hört zu, und weil Mirko sein Freund ist, setzt er sich neben ihn auf die warme Bank und leistet ihm beim Brüten Gesellschaft. Sie reden über dies und das, über Küken und über Wasserräder, bis ihnen nichts mehr einfällt.

„Also – dann geh ich jetzt“, sagt Peter. „Viel Glück.“

Mirko ist wieder allein. Er seufzt, es klingt fast, als würde er stöhnen. Ihm ist furchtbar warm und grässlich fad. Der Pullover klebt an seiner Haut, die Wolle juckt und kratzt.

Mirko vergräbt sein Kinn in dem Rollkragen und flüstert: „Kannst du nicht ein bisserl schneller machen?“

Wie lange sitzt er jetzt schon hier? Ihm tut alles weh vom Stillsitzen. Schläfrig ist er auch. Brüten macht müde.

„Wie geht's dir, Mirko?“, ruft die Oma aus der Küche. „Kannst du noch?“

„Heiß geht's mir!", stöhnt Mirko.

„Mir auch hier am Herd", tröstet die Oma.
„Aber ich bin bald fertig."

Und ich? denkt Mirko. Wann bin ich fertig?

Zusammengesunken sitzt er mit dem Rücken an die Hauswand gelehnt und denkt: Eigentlich muss man die Hennen bewundern! Dass sie es so lange aushalten, ohne sich zu rühren, Tag und Nacht…

Plötzlich hebt Mirko den Kopf. Seine Augen werden groß, er hält die Luft an und setzt sich gerade auf.

„Oma! Komm schnell! Es klopft!"

Gemeinsam holen sie das Ei heraus. Es hat einen Sprung und ein winziges Loch, das immer größer wird, weil von innen ein emsiger, kleiner Schnabel gegen die Schale hackt.

Die Oma nimmt Mirko den Strohhut vom Kopf und polstert ihn mit ihrer Schürze aus. Jetzt liegt das zerbrechende Ei in einem runden Stroh- und Schürzennest. Ein jämmerliches Ding mit nassen Federn kommt zum Vorschein und wackelt auf zarten Stelzbeinchen.

Mirko ist ein bisschen enttäuscht – aber nicht

lange. Das Küken beeilt sich und trocknet bald. Schon ist es nicht mehr jämmerlich, schon fängt es an, seinen flauschig-gelben Geschwistern ähnlich zu sehen, schon piepst es und will aus dem Strohhut-Nest hinaus, schon trippelt es mutig auf der Bank hin und her.

Mirko lässt es sich von der Oma auf die Hand setzen. „Ich bring dich zu deiner Mutter", sagt er.

Die braune Henne sitzt aufgeplustert im Gras, ihre sieben Küken unter dem Gefieder.

„Da nimm! Es gehört dir", sagt Mirko. „Ich hab es mir nur ausgeborgt."

Die Henne legt den Kopf schief und gackert verträumt.

Mirko schiebt ihr das achte Küken behutsam unter die Flügel.

Renate Welsh

Der Einäugige ist nicht für den Suppentopf

Mein Schwager bekam einen Hahn geschenkt. Der Hahn war auf einem Auge blind. Er war für den Suppentopf gedacht. Zu dieser Zeit erwartete meine Schwester aber ihr erstes Kind und hatte ein weiches Herz für alles, was ihr begegnete.

Der Hahn kam also nicht in den Suppentopf. Er kam in den Garten. Er stolzierte über die Wiese. Er guckte mit schief gelegtem Kopf den Schmetterlingen nach.

Xerxes, der als kuscheliger schwarzer Welpe ins Haus gekommen und zu einem riesigen Ungetüm herangewachsen war, betrachtete den Neuankömling aus der Ferne.

Kann sein, dass ihm zu heiß war, kann sein, dass auch er ein

weiches Herz unter seinen Zotteln trug, jedenfalls jagte er den Hahn nicht. Er schnupperte
höchstens an den Spuren, die der Einäugige im
Kies hinterließ.

Meine Schwester saß im Liegestuhl in der
Sonne und freute sich, wie still und friedlich
die Welt war. Der Hahn verbrachte die Nacht auf der
Terrasse.

Sobald die ersten Sonnenstrahlen auf
seinen Schnabel fielen, begann er zu krähen.

Er krähte nicht einmal oder zweimal, auch nicht
dreimal. Er krähte wie einer, der eben erst
entdeckt hat, dass er eine Stimme besitzt. Und
diese Stimme gefiel ihm. Er krähte und krähte und
machte nur ab und zu eine kurze Pause, um einen
Wurm zu verspeisen. Anfangs war das komisch.
Bald wurde es lästig. Und dann unerträglich.

„Es klingt so todtraurig", sagte meine Schwester.

„So sehnsüchtig und verlassen."

„Vielleicht sehnt er sich nach dem Suppentopf",
sagte mein Schwager.

Xerxes verkroch sich im entlegensten Winkel
des Gartens.

Der Hahn krähte.

Eine Stunde später jaulte Xerxes, und alle
Hunde in der Nachbarschaft jaulten mit.

Die Nachbarn beschwerten sich. Meine Schwester hätte am liebsten mitgeheult.

Der Suppentopf kam für sie nicht in Frage. Sie überlegte, ob sie für sich, für ihren Mann und für die Nachbarn Ohrenstöpsel aus der Apotheke holen sollte. Dann hatte sie eine andere Idee.

Sie fuhr auf den Markt und kaufte eine Henne. Die schönste von allen Hennen, die da mit zusammengebundenen Beinen und gesträubten Federn gackerten.

Daheim schnitt sie vorsichtig die Schnur durch und trug die Henne in den Garten.

Der Einäugige warf den Kopf zurück und krähte. Seine Federn glänzten metallisch. Die Henne torkelte beim Gehen. Sie rupfte einen Grashalm.

Halb fliegend, halb rennend, kam der Hahn daher. Seine langen Schwanzfedern flatterten. Er krähte lauter als je zuvor.

„Aber jetzt kräht er vor Glück!", sagte meine Schwester zu meinem Schwager. „Hörst du nicht den Unterschied?"

Mein Schwager sagte nichts mehr.

Bydlinski Georg, geboren 1956 in Graz, studierte Anglistik und Religionspädagogik, seit 1982 freier Autor. Schreibt Gedichte und Erzählungen für Kinder, die mehrfach ausgezeichnet und übersetzt wurden. Österr. Staatspreis für Kinderlyrik.
S. 6: Tiere. Rechte beim Autor

Ferra-Mikura Vera, 1923 in Wien geboren, war u.a. als Lektorin tätig, seit 1948 freie Schriftstellerin. Sie starb 1997 in Wien. Sie gilt als die Schöpferin der Phantastischen Erzählung österreichischer Prägung,
S.55: Wie spät ist es, Herr Fuchs? Rechte bei den Erben

Hämmerle Susa, in der Schweiz geboren, in Vorarlberg aufgewachsen, war Lehrerin, Schauspielerin, Lektorin, seit 1990 freie Autorin. Für die zahlreichen Bilderbücher, Erzählungen und Sachbücher für Kinder wurde sie mehrfach ausgezeichnet.
S. 8: Der Um-die-Ecken-Gucker-Elefant. Rechte bei der A.

Hofbauer Friedl, geboren 1924 in Wien, studierte Germanistik und Sprachen, freischaffende Autorin für Kinder und Erwachsene und Übersetzerin. Österr. Staatspreis für Kinderlyrik und Österr. Würdigungspreis für Kinder- und Jugendliteratur. Sie starb 2014.
S. 110: Das ganz sanfte Pferd Nelly. Rechte bei den Erben

Holzinger Michaela, 1978 in Oberösterreich geboren. Ausbildung zur Sozialpädagogin. Heute lebt sie mit ihrem Mann und ihren beiden Kindern auf einem Hof im Salzkammergut.
S. 23: Muckel und der Floh im Ohr. Rechte bei der Autorin

Hula Kai Aline, wuchs in Wien und im Burgenland auf. Besuchte die Pädagogische Hochschule, arbeitet als Volksschullehrerin in Wien. Dixi Preisträgerin 2013.
S. 86: Der Mistkäfer zieht um. Rechte bei der Autorin

Hula Saskia, geboren 1966 in Wien, unterrichtet hier als Volksschullehrerin. Ihr erstes Buch ist 2003 bei Obelisk erschienen: „Romeo und Juliane". Ihm folgten 18 weitere Kindererzählungen, zuletzt: Hyänen kommen nie zu spät, Besetzt, Kaninchentage, Attila der König der Angeber.
S. 117: Der netteste Hund der Welt. Rechte bei der Autorin

Landa Norbert, 1952 in Linz geboren, studierter Philosoph und gelernter Journalist. Er schreibt auch Texte zu Bilderbüchern, Kindergeschichten, Sachbücher, Kinderlieder und Theaterstücke.
S. 105: Der Junge, der auf dem Delfin ritt. Aus: Delfingeschichten, Club-Taschenbuch Band 287, Obelisk Verlag, Innsbruck-Wien 2014

Lobe Mira, 1913 in Görlitz/Schlesien geboren, flüchtete 1936 nach Palästina, lebte ab 1950 in Wien, wo sie 1995 starb. Sie hat fast 100 Kinder- und Jugendbücher geschrieben, die vielfach ausgezeichnet und weltweit übersetzt wurden.
S. 133: Das achte Ei. Rechte bei den Erben

Moser Erwin, geboren 1954 in Wien, Ausbildung zum Schriftsetzer. In über 30 Jahren veröffentlichte er als Autor und Illustrator unzählige Bilder- und Kinderbücher, die vielfach ausgezeichnet und die weltweit übersetzt wurden.
S. 38: Zwei Hähne. Rechte beim Autor

Recheis Käthe, geboren 1928 in Engelhartszell (OÖ), lebt in Wien. Sie zählt zu den bedeutendsten deutschsprachigen Jugendbuchautoren. Österreichischer. Würdigungspreis für Kinder- und Jugendliteratur und Adalbert Stifter Preis.
S. 40: Zwei Mäuse auf der Wiese. Aus: Warum das Erdhörnchen Streifen hat, Club-Tb Band 278, Obelisk Verlag, Innsbruck-Wien 2013
S. 73: Wie das Kaninchen mutig wurde. Rechte bei der A.

Rettl Christine, in Wien geboren, Ausbildung zur Kindergärtnerin, seit 1989 freischaffende Autorin, über 100 Bücher für Kinder. Sie verfasst auch Lyrik-, Lied- und Musicaltexte.
S. 16: Flederike und die Super-Fledermaus. Rechte bei der Autorin

Treiber Jutta, geboren 1949 in Oberpullendorf /Bgld. Germanistik- und Anglistikstudium, Unterricht an der AHS, seit 1988 freischaffende Autorin. Sie erhiel u.a den Österr. Würdigungspreis für Kinder- und Jugendliteratur.
S. 126: Das Reh auf Besuch. Rechte bei der Autorin

Welsh Renate, 1937 in Wien geboren und gehört zu den anerkanntesten deutschsprachigen Kinder- und Jugendbuchautorinnen. Ihre Bücher wurden vielfach übersetzt und preisgekrönt. Österr. Würdigungspreis für Kinder- und Jugendliteratur.
S. 30: Ein Meter zwanzig Halsweh. Aus: Schnirkel, das Schneckenkind, Club Taschenbuch Band 172, Obelisk Verlag, Innsbruck-Wien 2003
S. 142: Der Einäugige ist nicht für den Suppentopf. Rechte bei der Autorin

Weidinger Erich, ist Autor und Buchhändler in Seewalchen. In Linz arbeitete er mit gehörlosen und schwerhörigen Kindern und in ‚Feldkirch in einem Heilpädagogischen Zentrum für verhaltensauffällige Kinder und Jugendliche.
S. 44: Eine Überraschung für den Vogel;
S. 99: Zwei kleine Hasen und ein Monster.
Rechte beim Autor